© Javier Sanz, 2024

https //librodeingles.com/

Primera edición: noviembre de 2024

ISBN: 979-8-9918812-0-3

DE FAK! A FLUENT

JAVIER SANZ

CONSEJOS DE UN ESPAÑOL QUE TAMBIÉN
CONFUNDIÓ 'BEACH' CON OTRA COSA.

¡Gracias!

Es un honor poder compartir mi aprendizaje contigo.

Si tienes unos segundos, me encantaría leer tus impresiones sobre este libro con una reseña en Amazon.

Puedes usar este QR para hacerlo:

A mi mujer Julia, por ser la mejor profesora

Índice

Introducción

Mi nombre es Javier Sanz, y los últimos once años de mi vida han sido un viaje cultural a través del mundo anglófono que me gustaría compartir contigo. Actualmente, llevo siete años residiendo en Estados Unidos, pero mi travesía también me ha llevado por Irlanda y el Reino Unido. Esta experiencia no solo me ha abierto la mente y me ha permitido conocer otras culturas, sino que ha sido fundamental para perfeccionar mi dominio del inglés.

Mi vida personal es un reflejo de este viaje lingüístico. Estoy casado con una mujer estadounidense (¡sin duda, la mejor forma de aprender inglés!) y somos padres de dos niños que tienen la fortuna de crecer en un hogar bilingüe, absorbiendo tanto el español como el inglés de manera natural. Esta experiencia bilingüe no solo enriquece sus vidas, sino que también me ha brindado una perspectiva única sobre el aprendizaje de idiomas.

Incluso observar a mi mujer mejorar su español ha sido clave para mi propio progreso en inglés, ¡y para darme cuenta de lo complejo que puede ser dominar el español!

Mi día a día transcurre entre los dos idiomas. La primera mitad del día hablo inglés en mi trabajo en el sector financiero de Charlotte, la ciudad más grande de Carolina del Norte y segundo centro financiero de Estados Unidos por detrás de Nueva York.

Durante la segunda mitad del día, ya en casa, sólo hablo español. El hecho de que en casa hable español es una especie de freno a la hora de mejorar aún más mi inglés, pero valoro mucho que mis hijos y mi mujer lo aprendan, especialmente en Estados Unidos donde hay tanta población hispanohablante.

De hecho, ya hay más hispanohablantes en Estados Unidos que en toda España.

Sin haberlo planeado conscientemente, el inglés ha terminado formando parte integral de mi identidad y he llegado a un punto en que puedo comunicarme de forma completamente fluida como uno más. Hoy en día me siento cómodo dando presentaciones, manteniendo llamadas telefónicas, negociando, participando en discusiones técnicas o incluso contando chistes.

Pero no fue siempre así. Hace años, mi inglés era el mismo que el de cualquier estudiante de instituto público que se haya hartado a aprender gramática y listas de verbos sin muchas oportunidades de practicar conversaciones reales. En 2013, un año antes de terminar la universidad, empecé a ver que encontrar trabajo iba a ser más difícil de lo que pensaba. A pesar de un buen desempeño académico, en todas las entrevistas para puestos financieros me decían que mi inglés no era suficiente.

Recuerdo vívidamente una experiencia que marcó un antes y un después. Un banco australiano me pagó el viaje a Londres para hacer una entrevista, sólo para terminar pasando una vergüenza terrible por no poder expresarme adecuadamente. Había ido con tanta ilusión que se sintió como si me pasara un tren por encima. Fue entonces cuando decidí que algo iba a cambiar y que me iba a dedicar a aprender inglés de verdad.

Viviendo en Madrid en ese momento, sabía que había muchos ingleses y americanos con quienes podría tener intercambios para practicar inglés. Sin saberlo, estaba a punto de tomar la decisión más determinante de mi vida cuando comencé a quedar con una chica estadounidense. Ella era de Charlotte y el resto, como dicen, es historia.

Escribo este libro porque creo firmemente que es hora de que los españoles nos convenzamos de que podemos dominar el inglés. En el extranjero, los profesionales españoles gozan de una excelente reputación, y los turistas que visitan España quedan encantados con nuestro país y nuestra gente. Somos muy buenos, pero sólo nos queda creérnoslo dentro de nuestras propias fronteras.

En un mundo tan interconectado como el actual, dominar el inglés se ha convertido es una habilidad más crucial para nuestro futuro que muchas carreras universitarias.

No se trata sólo de obtener mejores salarios, sino de ampliar nuestro horizonte de posibilidades para poder hacer cosas que nos llenen más a lo largo de nuestra vida, independientemente de nuestro campo de estudio o trabajo. El inglés no es solo una herramienta de comunicación, sino una puerta a nuevas vivencias y aventuras.

Este libro no es un manual tradicional de inglés. No encontrarás aquí listas interminables de verbos irregulares, o tediosos (aunque útiles) ejercicios de gramática. En su lugar, a través de experiencias reales y algo de humor, nos enfocaremos en aspectos prácticos y en las habilidades que realmente se demandan en un entorno profesional en el que necesites hablar inglés.

Intentaré explicarte lo que no te enseñaron en el instituto. Compartiré contigo los trucos que he aprendido, los errores que he cometido y las estrategias que me han ayudado a superar las barreras culturales y lingüísticas.

A lo largo del libro irás encontrando códigos QR como este para dar un mayor contexto a lo que te cuento. Por ejemplo, las diferencias entre la pronunciación típica española y una más pulida:

Espero que este libro te inspire, te enseñe algo nuevo, te haga reír y, sobre todo, te motive a mejorar tu inglés, porque hablar inglés con fluidez es una meta alcanzable para todos nosotros.

Let's get started!

1

Pronunciación

LA CLAVE PARA UNA COMUNICACIÓN EFECTIVA

Cuando hablamos de dominar el inglés, la pronunciación es, sin duda, el aspecto más crucial en un entorno real.

Quienes me conocen saben que siempre digo que mi inglés antes y después de conocer a mi mujer son dos idiomas completamente diferentes. Este último es el inglés que abre puertas, y es el que quiero compartir contigo en este libro.

En una conversación, si tu gramática es deficiente pero tu pronunciación es buena, todavía puedes hacerte entender. Lo contrario, sin embargo, es mucho más complicado.

Afortunadamente, en España tenemos una base sólida en gramática inglesa (¡gracias, profesores!). Nuestro desafío es mejorar lo que menos practicamos en la escuela: la pronunciación.

La pronunciación lo es todo, y ningún hablante nativo te entenderá si no pronuncias mínimamente bien. En serio, no te van a entender.

De un idioma, lo primero que se aprenden son las palabrotas y, en inglés, la palabrota por excelencia es *fuck*. Esta palabra es el ejemplo perfecto para representar el estado actual de nuestra pronunciación –porque la pronunciamos mal– y por eso la elegí para el título de este libro. La realidad es que, pronunciado /fak/ no significa nada para un hablante nativo.

Sin más dilación (sube mucho el volumen si vas en transporte público y quieres que todos te miren):

Si no habías visto nunca un libro de inglés que lo primero que te enseñara fuera la palabra **fuck**, aquí lo tienes.

De hecho, espero que tengas un buen motivo si la pronuncias correctamente, ya que *fuck* (conocida como la "F-bomb" o "F-word") en inglés es una palabra extremadamente ofensiva y malsonante que te aconsejo evitar a toda costa. Olvídate de lo que hayas observado en las películas y las series porque, en la vida real, es raro escucharla. En España no paramos de decir su equivalente "joder", pero es más versátil porque le cambiamos mucho su significado según la entonación y el contexto.

LA CARGA CULTURAL DE LAS PALABRAS

Cuando me mudé a Estados Unidos, tardé un tiempo en comprender el peso emocional que tienen ciertas palabras en inglés. Mientras que en español podemos usar palabras malsonantes en ciertos contextos sin causar gran conmoción, en inglés la situación es muy diferente. Al principio, palabras como *fuck* o incluso la "N-word", un término aún más tabú por ser extremadamente ofensivo hacia la población de raza negra, no tenían ninguna carga emocional para mí. Desconocía la cultura e, influenciado por Internet y las películas, incluso llegué a pensar que algunas de estas palabras eran de uso común.

Nada más lejos de la realidad. Igual que los niños, primero repetimos las palabras, pero con el tiempo, interiorizamos su significado y pasamos a ser más selectivos en su uso.

EL MIEDO AL RIDÍCULO: UN OBSTÁCULO PARA MEJORAR

En España, todavía son pocos los que se atreven a hablar inglés con una buena pronunciación y un acento definido (normalmente americano o británico).

El temor al ridículo, a ser tachados de pretenciosos o a que se burlen de ellos imitando de forma exagerada su pronunciación, frena a muchos. Necesitamos líderes, empezando por nuestros representantes políticos, que inspiren y le hagan saber a la población que hablar inglés es una de las habilidades más importantes que pueden tener en el mundo actual.

Es curioso cómo nadie se reiría de ti por meter un gol espectacular, o por hacer una excelente tortilla de patatas. Al contrario, te alabarían. Hay algo con los temas intelectuales que en España aún no sabemos encajar bien.

Al mismo tiempo que nos reímos de los que lo hacen bien, fuera de nuestras fronteras se ríen de todos nosotros por hacerlo mal. No debemos tener miedo al fracaso y tenemos que comprender que es una habilidad en la que cada minuto de esfuerzo merece la pena.

Si eres de los que se burla constantemente, piensa que es probable que acabes trabajando para aquellos que hoy se esfuerzan por hablar correctamente; y si eres de los que intentan mejorar su pronunciación, continúa porque cuando llegue el momento de conseguir un trabajo o cerrar un negocio, esa habilidad será una de tus mejores aliadas.

LA BARRERA DE LA COMPRENSIÓN

Volviendo al ejemplo del sonido /fak/, una palabra mal pronunciada puede ser incomprensible para un hablante nativo.

Es como si les hablaras en otro idioma. Simplemente, no te entienden. Sin embargo, si tu interlocutor es español o estás en un grupo donde hay españoles que hablan inglés, probablemente estos sí te entiendan, pues **sabemos decodificar el 'inglés a la española'.**

Un ejemplo sencillo de esto es cómo pronunciamos en España el nombre del restaurante McDonald's. Sería algo como /Makdonals/.

Aunque parezca increíble, con esta pronunciación un nativo tendría dificultades para entender lo que estás diciendo, llevando a situaciones tan frustrantes como graciosas.

Después de repetírselo varias veces, finalmente te entienden y responden: "¡Oh, te refieres a /muhk-daa-nuhldz/!". A lo que nosotros, incrédulos, contestamos con el típico "¡pero si eso es lo que estaba diciendooo!". Y sí, me temo que esa es la forma correcta de escribir fonéticamente la pronunciación de McDonald's. Suena así:

El inglés tiene las mismas cinco vocales que el español, pero en inglés pueden producir hasta 20 sonidos diferentes. En el caso de McDonald's, la pronunciación de un hablante nativo y la nuestra suenan muy semejantes **para nosotros.**

Lo que sucede en la realidad es que para los hablantes nativos suenan como dos palabras completamente distintas.

Escucha los siguientes audios para ir viendo de qué va esto. **¿Puedes escuchar todas las variaciones entre cada palabra?** Si te parecen iguales, hay trabajo que hacer.

BIRD, BEAR, BEER, BEARD
(pájaro, oso, cerveza, barba)

LACK, LOCK, LOOK, LUKE
(carencia, cerrojo, mirar, Luke)

THOUGH, TOUGH, THOUGHT, TAUGHT (sin embargo, duro, pensamiento, enseñado)

SONIDOS QUE DEBEMOS PRONUNCIAR MEJOR

A continuación, te explicaré los sonidos que más han marcado la diferencia para mí entre el inglés que hablaba al terminar el instituto y el de ahora.

Las siguientes páginas son las más útiles de este libro. A continuación, verás los errores de pronunciación más comunes en hispanohablantes, y sobre todo en españoles.

Con sólo mejorar estos sonidos tendrás mucho camino hecho. Hay muchos otros, pero son menos frecuentes o no los hacemos tan mal, así que la ganancia no es tan notable y no merece la pena centrarse en ellos para lograr una mejora significativa.

LETRA H

La h en inglés al inicio de las palabras no es la jota de español, sino el sonido que hacemos al echar vaho en una ventana. Es una pronunciación suave. De hecho, los angloparlantes no tienen el sonido fuerte de nuestra jota. Doy fe de ello, pues mi nombre, Javier, pasó a mejor vida hace años y ahora soy Havier.

Comprueba las diferencias de pronunciación con las palabras *hello* y *hard*:

LETRA I

La letra "i" puede tener dos pronunciaciones. La primera es donde los hispanohablantes tenemos más problemas:

- Sonido "e" → Para hacerlo fácil, lo que hay que hacer aquí es cambiar nuestro sonido **i** por nuestro sonido **e.**

   Por ejemplo, la palabra *sit* se lee de forma más parecida a /set/. Si la pronunciamos como /sit/, en realidad lo que ellos van a entender es la palabra *seat* (asiento).

   La palabra *is* pronuncia de forma parecida a /es/. Si la pronunciamos como /is/, lo que ellos entenderán será la palabra *ease* (facilidad).

   De la misma forma, si queremos decir la palabra *fit* porque hemos ido mucho al gimnasio últimamente, pero la decimos como /fit/, ellos van a entender *feet* (pies).

   Otros ejemplos que usan el mismo sonido **i**: ***bit, big, win, lip, clip.*** Usa el siguiente QR para ver las <u>diferencias entre cómo pronunciaría un español y cómo lo haría un nativo en inglés</u>. Primero ***bit, big, win, lip, clip***, y después ***sit:***

Asimismo, asegúrate de que al hablar diferencias bien las palabras *this* (este) y *these* (estos). Quizá te parezcan muy similares al oído, pero no lo son. *This* utiliza el sonido "e" que acabamos de ver; *these*, se pronuncia con una "i" larga → /des/ vs /diis/.

- Sonido "ai" → Aquí no tenemos dificultades. Por ejemplo, en *time*, tenemos claro cómo pronunciar la i. Sin embargo, aprovecho este ejemplo para decir que tenemos que pulir la letra **t** también, y deberíamos decirla como una especie de *ts*. Prueba a cerrar los dientes y poner la lengua en el paladar cuando digas la "t" en *time:*

Ahora vamos a usar la palabra *hit* para combinar el sonido **h** y el sonido **i** cuando esté suena como una "e":

Permíteme una anécdota relacionada con la pronunciación de la "i". Era la Nochebuena del año 2014 en Irlanda, mi mujer y yo éramos novios y teníamos poquísimo dinero. La cocina de mi piso compartido no se podía usar y, debido a que Irlanda es un país bastante católico, todos los restaurantes estaban cerrados para cenar. Todos, menos uno: McDonald's.

Miré al menú y pedí unos palitos de queso fundido rebozado para mojar en salsa de tomate que se llamaban *Cheese Melt Dippers*. ¿Cuál fue el problema? Que pronuncié la letra "i" de la palabra "dippers" con sonido "**ai**"... en lugar de con sonido "**e**". Mi pronunciación fue /daipers/.

De repente, mi mujer empieza a tener un ataque de risa épico y, junto a ella, la persona del mostrador me miraba con cara de "¿¿¿me estás vacilando???"

Resulta que, al cambiarle la pronunciación, ¡lo que yo estaba pidiendo eran **pañales** con queso fundido para mojar con salsa de tomate (pañales = diapers)!

Fue una de las mejores Nochebuenas que recuerdo. Mi mujer también pasó por momentos así mientras aprendía español. ¡Los idiomas son frustrantes y divertidos a partes iguales!

LETRA S AL COMIENZO DE LAS PALABRAS

Con esto hacen muchas bromas los latinoamericanos, a los que hay que reconocerles que hablan inglés mejor que nosotros.

Si tú le preguntas a un mexicano, venezolano o colombiano que te imite a un español, hay tres palabras que siempre forman parte de la imitación: "tío", "joder", y "espiderman". Sí, Spiderman con una "e" al principio porque es así como lo decimos en España.

La **s** al comienzo de las palabras es fácil de mejorar para que podamos dejar de decir Estorm, Estop o Esnake.

Vamos a usar *stop* como ejemplo. Imagina una palabra en español que empiece por "s", por ejemplo "seco".

Pronúnciala una vez. Ahora, hazlo de nuevo, pero párate mientras dices la letra "s" y mantenla. En ese momento, añade "top" y ya estarías pronunciando *stop* sin ponerle una "e" delante. Este QR exagera la "s":

LETRA S AL FINAL DE CIERTOS PLURALES

Esta "s" al final de las palabras en ciertos plurales terminados en consonantes también requiere de algo de práctica. El truco es decir la palabra y luego añadir un sonido "s", como el que añadíamos al principio de la palabra en el ejemplo anterior. Practica con estas palabras: ***texts, guests, desks, costs***:

LETRAS SH

Imagina que mandas callar a alguien. Ese es el sonido que queremos aquí, ni más ni menos. Qué mejor palabra para practicar que ***Spanish***:

LETRA V

Por lo general, en España, «b» y «v» se pronuncian igual, lo que hace que "vaca" y "baca" sean homófonas. Sólo es en ciertas partes del país (Comunidad Valenciana e Islas Baleares) donde se pronuncia una «v» labiodental, es decir, juntando los dientes superiores con el labio inferior (en lugar de juntar los labios).

En inglés, ocurre exactamente lo mismo. La «v» es labiodental y se pronuncia de forma claramente diferente a la «b». ¿Has contestado alguna vez ***very good*** cuando alguien te pregunta qué tal estás? Comprueba qué tal lo estás diciendo:

LETRA J

Di el abecedario <u>en inglés</u> hasta que llegues a la "g": a, b, c, d, e, f, g.

¿Ya? Ese sonido inicial que hacemos para decir la letra "g" es lo que necesitas aquí para pronunciar bien el sonido *j*. Es también similar a nuestro sonido *ll*, como en lluvia o llave. Para aspirantes a banqueros de inversión, por favor digan bien la "J" de "JP Morgan". Practica con estas palabras: *jump, John, job, jungle, enjoy.*

Una vez que consigas hacer bien esa «j», pasemos al siguiente nivel...

Hacia el año 1700, los colonos ingleses de Virginia Occidental no tenían mucho que hacer y se aburrían. Pensaban que el inglés aún no era lo suficientemente difícil. Fue entonces cuando algún iluminado dijo: *hagamos que la «d» de ciertas palabras se pronuncie como una «j», eso será divertido:*

Palabra	Suena como...
Education (educación)	/ejucation/
Individual (individual)	/indivijual/
Gradual (gradual)	/grajual/
Schedule (horario)	/skejule/
Procedure (procedimiento)	/prosijur/
Residual (residual)	/resijual/

Lo que ocurre aquí es que, con el tiempo, la pronunciación fue cambiando hacia lo que era más fácil. Si te fijas, todas esas palabras van seguidas de un sonido /iu/.

Técnicamente, se produce lo que se denomina "palatización". Esto ayuda a que la pronunciación fluya mejor desde ciertos sonidos hacia el sonido "iu".

El ser humano busca constantemente soluciones que requieran el mínimo esfuerzo, y el inglés es un campeón aquí porque al tener menos reglas puede evolucionar más rápido. Mientras tanto, nosotros nos seguimos peleando para que la RAE admita "cocreta".

LETRA Y

Para las palabras que empiezan por "y", mi consejo es que simplemente cambies la "y" por una "i". Practica con estos ejemplos: *yellow, young, you, yes*. Intenta decirlos como si fueran iéllow, ióung, ioú, iés. Escucha la diferencia entre la pronunciación tradicional española, y una americana:

LETRA R

En inglés no existe la "r" fuerte como en español (por ejemplo, "carro"), pero su sonido "r" es diferente. Nosotros pronunciamos la "r" poniendo la lengua detrás de los dientes. Lo que tenemos que hacer es llevar la lengua hacia atrás al decir la "r. Un buen truco es imaginarte imitando a un americano. Si dices "yo soy americano" con acento americano, esa "r" es la pronunciación que necesitas.

Ahora, practica con las palabras *red, car, around, right, sorry*:

DOBLE O ENTRE CONSONANTES

6.600km es la distancia que ayer separaba a mi hijo de 4 años y medio con sus abuelos de España mientras les enseñaba inglés por videollamada. Yo, previendo lo que iba a pasar, les pedí que nos dijeran cómo se decía "libro" (book) en inglés **(deja de leer durante un momento y piensa cómo lo dirías tú).**

Ellos, a continuación, pronunciaron algo que sonaba a /buuk/. Mi hijo y yo nos partíamos de risa porque ellos no podían entender qué estaban haciendo mal.

Resulta que, lo que toda la vida en el colegio nos han dicho que se pronuncia /buuk/, en realidad se pronuncia de forma diferente. Repite lo siguiente cuantas veces necesites hasta que lo interiorices: **no siempre que haya dos oes se lee como una "u".**

Entonces, ¿cómo se pronuncia cuando vemos dos oes? Hay <u>dos formas</u>, una "oo" corta y rápida (la de **book**); y una "oo" larga (como en **moon**) que sí suena como una "u" larga y que es el sonido típico que nos han enseñado en la escuela.

Entendido, pero... ¿cuál es la regla para saber qué sonido hay que pronunciar? ¡Ja! No hay regla. A los angloparlantes no les gustan las reglas. Si no, se abstendrían de ponerle chorizo a la paella.

No obstante, como en tantas otras ocasiones, confiemos en la estadística para crear nuestra propia regla: **si hay una "k" después de "oo", normalmente se pronunciará una "oo" corta y rápida.** En caso de que dudes y te la tengas que jugar al rojo o al negro, las palabras con "oo" corta son menos comunes.

Practica con estos ejemplos. Primero dilos tú en voz alta simulando cómo los dirías en la vida real, y luego escucha los audios. ¡Perfeccionar este sonido es importante!

Doble O corta y rápida

Book, cook, look, foot, hook, took, cookie
Encuentra las 7 diferencias entre la pronunciación correcta y la que tenemos al terminar la educación secundaria:

El sonido de esa vocal se representa con el símbolo **Λ** en el alfabeto fonético y está en infinidad de palabras. Se realiza con la lengua casi totalmente relajada y desplazada un poco hacia atrás. La boca se abre sólo un poco.

Doble O larga

Moon, food, room, school, tool, noodle, cool

Adicionalmente, existe otro tipo de pronunciación para 'oo' entre consonantes que siempre suena como una 'o' larga. Por ejemplo, en **door** o **floor**. Es el mismo sonido 'o' que en las palabras **score, shore, roar, soar**.

Escucha estas palabras:

LETRA L

La pronunciación de la letra 'l' en inglés puede ser bastante más compleja de lo que parece a primera vista, ya que no se pronuncia de la misma manera en todas las posiciones dentro de una palabra. En inglés, encontramos tres variaciones principales: la 'l' simple, la 'l' doble, y la 'l' muda. Les puedes poner el nombre que tú quieras. Lo importante, como siempre, es practicar los sonidos y reconocerlos.

L SIMPLE

Sin problemas. La sabemos decir bien porque es similar a la que usamos en español. Por ejemplo, en los nombres Lucía, lavanda o leche. Se produce al principio de las palabras, como en *light*, *love*, o *long*. En este caso, la lengua toca el paladar, justo detrás de los dientes superiores, generando un sonido claro y ligero.

Practica con estas palabras: *light, love, listen, like, late, learn, laugh*

L DOBLE

La 'l' doble aparece al final de algunas palabras, como en **ball**, **full**, o **world**. Es una 'l' más larga con la lengua cerca del paladar. Es un sonido típico de la gente que tiene mucho acerto catalán.

Practica con estas palabras: **skill, goal, ball, full, world, call, feel, school**

L MUDA

Esta 'l' está presente en muchas palabras del día a día y es tan muda como tu cuñado cuando le toca pagar la cuenta en el bar. ¿Por qué no se pronuncia la 'l' de **walk**, pero sí la de **milk**? Realmente no hay una explicación clara y todo se remonta a cómo el inglés ha ido evolucionando.

Practica a continuación con estas útiles en el día a día. Recuerda que en estas palabras la 'l' se ignora completamente:

Walk, talk, half, calm, salmon, would, should, yolk, palm, chalk, walkie-talkie

Sin usar el IPA[1], sonarían aproximadamente así: wok, tok, haaf, kahm, sæmen, wuud, shuud, youk, pahm, chohk, woki-toki

Como bonus de "l" muda, tenemos la palabra **colonel** (coronel del ejército). Se pronuncia /kernel/, exactamente igual que la palabra **kernel**, cuyo significado es el núcleo interior de algo.

Por ejemplo, el **kernel** de una nuez sería la parte que nos comemos después de retirar la cáscara. También se llaman *kernels* cada uno de los granos de maíz que se convierten en palomitas en el microondas. Sin olvidarme de mis amigos frikis[2], también tenemos el **kernel** de Linux, que es la parte más fundamental e importante del sistema operativo.

---

[1] No es un tipo de cerveza con mucho lúpulo, sino el *International Phonetic Alphabet*.

[2] En inglés no se usa *friki* de la misma forma que se usa en España. En inglés, la palabra que suena igual –*freaky*– tiene connotaciones sexuales. Usa *nerd*, o *geek* en su lugar.

LA PALABRA FOCUS

Esta palabra merece su propia sección. Significa concentrarse en algo y te animo a que, si no la conoces, pienses en cómo habría que pronunciarla. Si crees conocer ya su pronunciación, asegúrate a continuación de que estás en lo cierto.

Pronunciar esta palabra erróneamente lleva a que los demás te miren incrédulos y les entre una risa nerviosa difícil de controlar. Quizá cuando escuches el QR no te parezcan muy diferentes, ¡pero créeme que lo son!

¿Por qué esa reacción? Porque lo que dice el primero suena a **fuck yous**. Y claro, eso está mal. Rápidamente se entiende que no es intencionado, así que la reacción natural son risas, pero sin ningún tipo de maldad.

Si aún no te haces a la idea, imagina a un americano hablando en español y confundiendo "de puta madre" con "tu puta madre": "¡oye Javier, estos callos están tu puta madre!" Me parto sólo de pensarlo... De hecho, vuelvo enseguida, voy a pedirle a mi mujer que lo diga.

Terminando con la palabra **focus**, Lo correcto, sería pronunciar algo parecido a "fou-ques" como la segunda voz del QR.

DAY vs THEY

SPOILER ALERT: No suenan igual.

Este ejemplo no formó parte de la lista de "sonidos que pronunciamos fatal" porque, aunque lo hacemos un poco mal, no es tan grave. Lo añado porque mi mujer me acaba de decir que lo digo mal y que, la clave, está en la lengua. Para que vuestras parejas no os digan lo mismo, aquí va la diferencia.

They – (Ellos/as). Sonido "th" **con la lengua entre los dientes.**

<u>Practica en voz alta con estos ejemplos</u>: bro**th**er, toge**th**er, **th**ose, **th**ese, **th**ere, **th**ough, **th**en, **th**at, **th**is, ano**th**er, nei**th**er, wea**th**er, ra**th**er, **th**em, **th**eir.

Day – (Día). Sonido "d" **con la lengua en el paladar.**

<u>Practica en voz alta con estos ejemplos</u>: **d**og, **d**rink, **d**rive, **d**inner, **d**one, **d**own, roa**d**, nee**d**, brea**d**, hea**d**, **d**ance, **d**oor, **d**ate.

DÓNDE SE ACENTÚAN LAS PALABRAS

- La regla general es que, si tienen 2 sílabas, se acentúan en la primera sílaba. Por ejemplo: *TAble, LAPtop, PHOne.*

- PEEERO, si tiene 2 sílabas y es un verbo, entonces se suele acentuar en la segunda sílaba. Por ejemplo: *BeCOME, reCEIVE, beLIEVE.*

- Hay algunas palabras que son verbos y nombres. Entonces va a depender de cómo pronuncies para saber si te estás refiriendo al verbo, o al nombre. Por ejemplo:

  - *reCORD* (verbo: grabar) vs **REcord** (nombre: registro)
  - *proDUCE (verbo: producir) vs **PROduce** (nombre: productos frescos en un supermercado)*

EJEMPLOS PARA VOLVERSE LOCO

El inglés es el idioma de las excepciones. A continuación, te muestro cuatro grupos de palabras cuya pronunciación no tiene ningún sentido, pero es importante conocer bien.

Para estas palabras voy a crear mi propia transcripción fonética para que sea lo más fácil de entender posible. Existe el alfabeto fonético inglés y es genial si eres filólogo, pero hagámoslo fácil.

Estas transcripciones no son técnicamente perfectas, pero son suficiente para entender qué tiene de particular cada palabra. Al final tendrás un QR con todas las palabras para poder practicar.

Fíjate en cómo las palabras de cada grupo tienen partes que se escriben de forma idéntica, pero con pronunciaciones TOTALMENTE diferentes. Si te hace sentir menos mal, los hablantes nativos también tienen que aprender esto de memoria.

PALABRAS TERMINADAS EN OUGH

Me gusta porque "ough" suena como la onomatopeya de cuando te das con el dedo pequeño del pie en la esquina de la cama, lo cual ilustra bien este grupo de palabras:

Th**ough**, Thr**ough**, T**ough**, C**ough**, En**ough**, B**ough**, Th**ough**t, Pl**ough**

- ***Though*** (/thou/): sonido "th" como en "they". Es un adverbio de adversidad que significa "aunque" o "sin embargo". En sitios como Instagram, TikTok o Reddit, puede que lo veas escrito como "tho" al final de las frases.

- ***Through*** (/zrú/): "a través de". Informalmente, lo verás escrito como "thru" para referirse a los ***drive-thru*** tipo "McAuto" donde pides comida desde el coche o, si estás en EE.UU., puede que también pases por un ***drive-thru*** para sacar dinero de un cajero sin bajarte del coche. El sonido "th" aquí es como un ceceo.

- **Tough** (/tahf/): difícil, duro, complicado. Técnicamente, la pronunciación sería /tʌf/, que es aquel sonido que vimos cuando hablamos de la "o" corta más atrás.

- **Cough** (/kohf/): tos. *Cough drops* son caramelos para la tos.

- **Enough** (/ináhf/): suficiente

- **Bough** (/bau/): rama

- **Thought** (/zot/): pensamiento. El sonido "th" aquí es como un ceceo.

- **Plough** (/plau/): Arado

Traveling to Mars sounds impossible; going to the moon is possible though, through tough thorough thought.

Viajar a Marte suena imposible; sin embargo, ir a la luna es posible, a través de un pensamiento duro y minucioso.

PALABRAS QUE CONTIENEN EA

En este tipo de palabras, el sonido para "ea" cambiará entre una "i" larga o una "e" corta. A veces, es para diferenciar entre verbo y nombre; otras, es para diferenciar entre tiempos verbales. Es súper divertido.

- *Lead*
    - **Como verbo** (guiar, liderar): /liid/
    - **Como nombre** (plomo): /led/

- *Read* (verbo: leer)
    - **En presente**: /riid/
    - **En pasado**: /red/ igual que el color rojo *red*

En la página siguiente, encontrarás dos ejemplos de palabras muy parecidas donde sólo cambia una letra, pero cuyas pronunciaciones son muy diferentes.

PALABRAS TERMINADAS EN OMB

- **Bomb** (/bohm/): bomba (explosivo). Una bomba para bombear agua se dice ***pump***.

- **Tomb** (/tuum/): tumba. ¡Se me hizo tan difícil aceptar que esta palabra se pronuncie así...! "Lara Croft" lo decíamos correctamente, pero "Tomb Raider", no tanto.

- **Comb** (/koum/): peine

PALABRAS TERMINADAS EN OVE

- **Love** (/laav/): amor. Los Beatles usaron la palabra *love* 613 entre todas sus canciones.

- **Clove** (/cloouv/). Clavo (especia). Para clavo de carpintería, se usa *nail*.

- **Move** (/muuv/). Verbo mover, que en inglés también significa mudarse de un lugar a otro.

Todas estas variaciones en la pronunciación puede que no tengan mucho sentido lógico desde la perspectiva de hoy, pero eso es porque el inglés ha pasado por muchísimos cambios.

En origen, el inglés era una mezcla de alemán (*book* = buch; *house* = haus) y danés (muchas palabras son idénticas).

Después de las invasiones del norte de Francia a Inglaterra, el idioma adoptó muchas palabras del francés (*government* = gouvernement; *beef* = boeuf). Durante el Renacimiento, se adoptaron otras de origen latino y griego. También, a través del colonialismo británico se adoptaron palabras de idiomas nativos de Oceanía y África.

Que el inglés tenga tantas excepciones habla de todos esos eventos históricos y adaptaciones por las que ha pasado.

Además, gracias a tanta evolución, el inglés se ha refinado tanto que hoy en día es considerado como el idioma con mayor densidad de información, es decir, el más eficiente de todos para la comunicación, seguido por el francés, español e italiano.

Notas sobre el capítulo

....
....
....
....
....
....
....
....
....
....
....
....
....
....
....
....
....
....
....
....
....
....
....

¡Gracias por llegar hasta aquí!

Espero que te esté resultando interesante y que ya hayas aprendido algunas cosas.

Si tienes unos segundos, me encantaría leer tus impresiones sobre este libro con una reseña en Amazon.

Puedes usar este QR para hacerlo:

2

Tu Acento Habla De Ti

EL PODER DEL ACENTO EN LAS INTERACCIONES

Imagina una situación en la que estás negociando la compra de un producto en español con dos vendedores cuyo idioma materno no es el español. Todos podemos imitar más o menos a americanos, franceses, rusos o árabes hablando español, así que puedes hacer la prueba en voz alta.

De los dos vendedores, uno tiene un acento extranjero muy fuerte y difícil de entender al hablar español, mientras que el otro se esfuerza por hablar español de la forma más parecida a ti posible.

¿A quién le tomarías más en serio? Probablemente al segundo. Este efecto se magnifica en conversaciones telefónicas, donde no existe ningún componente visual que pueda compensar.

Por teléfono, todo depende de la percepción que la otra persona tenga de ti basándose únicamente en tu forma de hablar. Así que si eres muy atractivo/a[3], ¡intenta que al menos te vean!

LA PSICOLOGÍA DETRÁS DEL ACENTO

Es de naturaleza humana sentirnos más afines y seguros con aquellos que forman parte de nuestra 'tribu'. En psicología,

---

[3] No es ningún secreto que la gente atractiva tiene más poder de convicción. Si te interesa este tema, practica inglés leyendo el libro "Beauty Pays" escrito por el economista Daniel Hamermesh.

esto se conoce como "identidad social" y son la serie de favoritismos que aplicamos subconscientemente a aquellos que se parecen a nosotros, mientras que aplicamos lo contrario a los que no son como nosotros o, en este caso, no hablan como nosotros.

Un ejemplo típico es cuando recibes una llamada de telemarketing. Aunque sea de tu mismo país, si la persona que te llama tiene un acento muy diferente al tuyo, tu primera reacción, subconscientemente, es estar más alerta y naturalmente desconfiar un poco.

Esto ocurre simplemente porque es diferente a lo que estás acostumbrado, a pesar de que la persona al otro lado del teléfono pueda ser en realidad una bellísima persona.

EL VALOR DE ESFORZARSE POR HABLAR LO MEJOR POSIBLE

En relación con el esfuerzo por hablar lo mejor posible, siempre tengo presente esta frase de Nelson Mandela: "Si hablas a un hombre en un idioma que entiende, llegarás a su cabeza; si le hablas en su propio idioma, llegarás a su corazón[4]."

---

[4] *"If you talk to a man in a language he understands, that goes to his head; if you talk to him in his own language that goes to his heart"* - Nelson Mandela

Es posible que hayas experimentado esto si has hablado con un extranjero que se esforzaba mucho por hablar español contigo. En ese momento, incluso los errores realzan la acción porque ves que se están esforzando por hablar tu idioma lo mejor posible. A mí me viene a la cabeza mi mujer cuando nos conocimos en Madrid y ella hablaba sólo un 'poquitou' de español. No me quedó más remedio que enamorarme.

Del mismo modo, tú darás esa impresión en los demás cuando te esfuerces por hablar inglés lo mejor posible. Aunque no sea perfecto, tus interlocutores lo valorarán porque saben que no es tu idioma natal, así que te van a medir con una escala diferente.

GUÁRDATE UN POQUITO DE TU ACENTO ESPAÑOL

Perder el 100% de tu acento y ritmo español mientras hablas inglés es muy difícil, incluso diría que imposible para la mayoría de las personas que han empezado a mejorar su inglés sin ser niños.

¿Qué puedes hacer? Úsalo en tu favor. Si intentas imitas el acento inglés (americano o británico normalmente) al 80% o 90%, es más que suficiente.

El 10%-20% restante te hace más sexy, más exótico e interesante. Esto lo puedes usar como ventaja, pues como te dije al principio del libro, España y los españoles están muy bien vistos desde el extranjero y, por tanto, hacer saber que eres de España te da puntos. ¡Sólo nos falta creérnoslo!

Los que no te conozcan personalmente, van a estar intentando adivinar de dónde es tu acento mientras hablan contigo, así que simplemente **go ahead**, díselo y satisface su curiosidad.

LOS DELINCUENTES CONOCEN EL VALOR DE PRONUNCIAR BIEN

En Estados Unidos, son muy comunes las estafas por teléfono. Los estafadores se hacen pasar por empresas reconocidas como Microsoft[5] , compañías de antivirus o incluso el mismísimo *Internal Revenue Service* (la agencia tributaria de Estados Unidos) para engañar a las víctimas y robarles dinero.

Estas estafas se ejecutan normalmente desde India, donde hay centros de llamadas con cientos de personas especializadas en timar por teléfono a estadounidenses. En ocasiones, hay

---

[5] Se pronuncia /mai-kruh-saaft/. Esa "u" es la misma que en *up, us, uncle*, o *umbrella*. Este es, de nuevo, el sonido **Λ**.

gente que ha llegado a perder decenas de miles de dólares en una sola llamada.

Inicialmente, los estafadores hablaban con un fuerte acento indio, lo que llevó a la población estadounidense a desconfiar de este tipo de llamadas.

¿Qué hicieron entonces los estafadores? De forma totalmente darwiniana, empezaron a imitar el acento americano lo máximo posible e incluso, para hacerlo aún más ilegal, contrataron a americanos para actuar de supervisores a los que les pasarían la llamada en caso de que la persona que estaba a punto de ser estafada pidiera hablar con un supervisor. Como el supervisor, al que se le presupone mayor autoridad, hablaba igual que ellos, se sentían más seguros y entonces la estafa seguía su curso.

En resumen, la forma en que hablamos, nuestro acento y nuestra pronunciación, juegan un papel crucial en cómo somos percibidos por los demás. Esforzarse por hablar bien no solo mejora la comunicación, sino que también puede influir positivamente en nuestras interacciones personales y profesionales.

Dicho eso, puedes comunicarte perfectamente bien sin que tu acento sea perfecto. Mantener un toque de tu acento original puede añadir un encanto especial a tu forma de hablar, siempre y cuando la pronunciación sea clara y comprensible.

Notas sobre el capítulo

3

La Gramática Del *Workbook* vs La Realidad

QUEEN'S ENGLISH

A los españoles nos enseñan lo que los británicos llamarían Queen's English. Es un inglés gramaticalmente perfecto (como el de la realeza del Reino Unido, de ahí el nombre), libre de cualquier informalidad. Esto es una ventaja porque aprendemos la estructura correcta, pero al mismo tiempo nos explota la cabeza cuando vemos que un nativo no habla o escribe exactamente así.

Te hago una pregunta. ¿Alguna vez has hecho ejercicios de un libro para aprender español? Yo he visto los que hacía mi mujer y resulta que existe el mismo problema que tienen nuestros *workbooks* de inglés: en ocasiones, lo que piden escribir estos libros no suena natural porque en el día a día la gente no fuerza construcciones gramaticales tan perfectas.

En el día a día vamos a lo rápido, a comunicarnos eficientemente con las menos palabras posibles.

Un ejemplo típico sería el *"yes, I do"* y *"no, I don't"*. En el instituto nos decían que, si sólo contestábamos "yes" o "no", era un error. La realidad que yo me he encontrado en tres países de habla inglesa es que esa contestación tan completa no es la norma general. Sí es común, no obstante, cuando quieres enfatizar la respuesta o ser más formal o amable de lo normal, por ejemplo, en una entrevista de trabajo. ¿Es la contestación completa lo más correcto? Sí, pero simplemente es muy largo, así que en la vida cotidiana tendemos a economizar el lenguaje. Lo importante es saber que sí se usa, pero no en el 100% de los casos ni mucho menos.

Durante la entrevista para nacionalizarme estadounidense, me hicieron unas 20 preguntas de sí o no. Todas ellas las respondí completamente ("yes, I do" / "no, I don't"). Fundamentalmente por dos razones: 1) quería la nacionalidad para olvidarme de papeleos de inmigración; 2) los funcionarios del departamento de inmigración acojonan.

Conseguí la nacionalidad, pero no creo que la razón fuera ser muy formal en mis contestaciones. Por si acaso, responder completamente ayudaba a demostrar que me tomaba el proceso muy en serio. *Always know your audience! (¡siempre conoce a tu audiencia!)*

Incluso diría que es más común responder preguntas de sí o no con "I do" o "I don't", que con "yes" o "no". De hecho, lo último puede quedar un poco seco según el contexto en que suceda. Por ejemplo, en las bodas de las películas americanas, al novio y a la novia les preguntan: *do you take Fulanito[6]/a to be your lawfully wedded husband/wife?* Y tienen que contestar *"I do"* o *"I don't"*.

Recuerda que, a la hora de comunicarnos, enviamos mucha más información que la que sale por nuestra boca, aunque sólo nos pidan un "sí" o un "no". Las palabras elegidas, el acento, el tono, la comunicación no verbal... Todo eso habla por nosotros.

Hablar inglés (o cualquier otro idioma) no es sólo conocer y poder decir palabras del idioma y que nos entiendan. Es ser capaz de comunicar un mensaje de forma efectiva y de convencer a tu audiencia al hacerlo. Hay que comprender no sólo el idioma, sino la cultura detrás del mismo. Es por ello que es imposible hablar inglés en 30 días, y menos empezando desde cero, pero espero poder ayudar para que el tiempo se reduzca para ti.

---

[6] Fulanito, en inglés, se llama John Doe; Jane Doe, para ellas.

ENFATIZA UNA AFIRMACIÓN CON DO

Una herramienta que los hablantes nativos usan para enfatizar que una acción sí se ha realizado, es el uso de *do* en presente, o *did* en pasado. Dos ejemplos:

1. Yo te acuso haberte ido del restaurante sin pagar la cuenta, diciendo: *"you didn't pay the check[7] last night"*. Si tú sí lo hiciste, puedes contestar diciendo *"I did pay it"*. ¿Podrías contestar *"yes, I did"*? Sí, pero no tendría el énfasis que estás buscando, sería más neutral.

   a. *"Yes, I did"* traducido al español, sería algo así: "sí, sí que la pagué".

   b. *"I did pay it"* traducido y exagerando un poquito, sería: "¡¿Cómo que no la pagué, tío?! ¡La madre que te parió! Si hasta me llamaron del banco para comprobar si me habían robado. ¡Claro que la pagué, joder!"

2. Si en una conversación estamos hablando de un tercero y yo doy por hecho que tú no le conoces, tú podrías contestar *"I do know him"* para confirmar que en realidad sí que le conoces.

---

[7] En EE.UU., la cuenta en un restaurante se llama *check*; en el Reino Unido, *bill*. Un cheque de pago en inglés americano también se llama *check*, mientras que el mismo cheque en inglés británico se escribe... *cheque*. El verbo *check* significa y se escribe igual a ambos lados del charco.

Si a estas contestaciones además les añades algo de dramatización y acentos en el "did" o "do", incrementarás mucho más su poder de confirmación (haz la prueba en voz alta).

WOULD PARA HABLAR DEL... ¿PASADO?

¿Cuántos ejercicios hiciste en el instituto para practicar el condicional usando la palabra *would*? Por ejemplo: *I would be happy if readers shared this book.* ¿Y cuántos hiciste para hablar del pasado? ¿Pocos? ¿Uno? ¿Ninguno?

Cuando usamos *would* para hablar del pasado, estamos describiendo acciones repetidas o hábitos que teníamos antes. Es como decir "cuando era un niño, **solía**..." y contar todas esas cosas que hacías una y otra vez. Por ejemplo: *when I was a kid, I **would** ride my bike every day.*

¿Funciona siempre? No... *Would* sólo se usa para acciones repetitivas en el pasado, no para verbos que indiquen estados: gustar, ser, pensar, amar, saber, querer, vivir, etc. Sólo funciona con verbos de acción, por ejemplo: comer, correr, hacer, etc.

¿Qué usamos entonces en los demás casos? ***Used to***. *Would* y *used to* se parecen mucho. Ambos sirven para hablar de hábitos pasados y los dos se pueden traducir como "solía". Sin embargo, **used to** es más versátil y sirve tanto para hábitos como para esos verbos de estado donde no se puede usar *would*.

Puedes decir **I used to live in Madrid**, pero no puedes decir **I would live in Madrid** para indicar que en un tiempo anterior soliste vivir en Madrid.

Si dudas entre usar *used to* o *would,* usa *used to*. Es más flexible y se adapta a más situaciones. Lo importante es que conozcas que *would* también se puede usar para el pasado y que es común hacerlo.

HOW ARE YOU? I'M FINE, THANK YOU, AND YOU?

Otro ejemplo mítico es el de cómo responder a "¿qué tal estás?", algo que en un ambiente normal tenemos que hacer varias veces al día.

En el instituto nos enseñaron a responder *"I'm fine, thank you, and you?"*. A lo que la persona que había preguntado primero te contestaba *"I'm fine, thank you"*.

Cuando mi mujer trabajaba como auxiliar de conversación en un colegio bilingüe de Madrid, ocurría que los niños respondían

"I'm fine, thank you", pero volvían a añadir un *"and you?"* por defecto, convirtiéndolo así en un bucle infinito:

How are you? I'm fine, thank you, and you? I'm fine, thank you, and you? I'm fine, thank you, and you?...

Lo que hemos aprendido son contestaciones perfectas, y muy formales, pero volvemos a lo mismo: pocos hablantes nativos hablan así en la vida real, sobre todo en ambientes como el trabajo donde te ves con la misma gente cada día. Incluso aunque te pregunten, muchas veces no esperan respuesta. Igual que en España cuando simplemente decimos "hola, ¿qué tal?" al entrar a la cafetería cada mañana.

En mi experiencia, diría que habré escuchado la respuesta *I'm fine, thank you, and you?* un 10% de las veces, mientras que ¡ésa fue la única forma que nos enseñaron en el instituto! Existir existe y se dice en el contexto adecuado, pero la contestación que más he escuchado en estos años viviendo fuera ha sido:

- En Irlanda, suelen contestar *I'm grand* o *not too bad*, ésta última omitiendo el sujeto de la oración y muy en línea con el carácter irónico y gracioso de un irlandés.

- En Estados Unidos, suelen contestar *I'm good*, que a nosotros nos suena raro porque *good* no es un adverbio; o simplemente responden *doing well*. ¿Por qué contestan con el verbo *doing*? Porque en realidad la expresión *how are you* está omitiendo ese mismo verbo al final, pero nunca nos lo han contado. La expresión entera, que normalmente se usa cuando quieres que sean más detallados en la respuesta, sería: *how are you doing?* Sus contestaciones cortas y simples reflejan la cultura americana de ser eficientes.

- En el Reino Unido, probablemente sea donde más gente responda *I'm fine, thank you, and you?*, pero también suelen contestar de forma más escueta con *I'm alright*[8] o *very well*.

Los británicos son muy educados y esperan lo mismo de ti. Hasta que fui allí, nunca había dicho las palabras *thank you*, *please*, y *excuse me* tantas veces.

Por cierto, también en el Reino Unido se suele decir *cheers* en lugar de *thank you*. Incluso verás que le añaden la palabra *mate*, que significa amigo/colega/tío.

---

[8] "*All right*" se ve muchas veces escrito como "*alright*". Para algunos es un error, y de hecho en algunos manuales de periodismo se declara como un error. Sin embargo, está muy aceptado, aunque no te recomiendo usarlo en ambientes formales. Lo curioso es que hay otras contracciones similares que sí se han aceptado en el tiempo como "*already*", "*almost*", "*although*" o "*always*".

FORMAS DE PREGUNTAR ¿QUÉ TAL ESTÁS?

Una anécdota que suelo contar cuando alguien me pregunta por mi experiencia viviendo en Irlanda es que no entendí absolutamente nada durante la primera semana que estuve allí, y que pasaron varios meses hasta que entendí qué decían exactamente para preguntar "qué tal estás".

Era el verano de 2014 y yo acababa de llegar a Galway[9], en la costa atlántica irlandesa, para trabajar en una aseguradora justo después de terminar la universidad. Para entonces ya había estado practicando algo de inglés con la que hoy es mi mujer, y pensaba que iba suficientemente preparado. Ella se quedó en Madrid, no obstante.

No pude estar más equivocado. Las primeras semanas fueron durísimas por el tema del idioma. Si hubiera ido de turismo no habría supuesto un problema, pero había firmado un contrato, me estaban pagando, y tenía que hacerlo bien.

El horario era de 9 de la mañana a 5 de la tarde. Algunos días estaba tan agotado al llegar a mi casa que me tumbaba en la cama y me quedaba dormido hasta el día siguiente. Durante las horas del trabajo, entraba en modo supervivencia y el resto del día descansaba.

Así fueron las primeras semanas hasta que ya le fui cogiendo el truco. En Irlanda, la gente es muy hospitalaria y me ayudaron bastante hasta que estuve adaptado. Cada día me preguntaban varias veces si necesitaba algo, y lo cierto es que esa actitud

---

[9] El mismo que en la canción "Galway girl", de Ed Sheeran. En Galway no existe el verano, sólo una semana en junio donde hace sol.

me facilitó mucho las cosas. De hecho, eso es algo que me llevé conmigo y aplico hoy con los que son nuevos en la empresa donde trabajo, para que se adapten y se sientan rápidamente parte del equipo.

La cuestión es que yo había observado un patrón. Entre ellos se preguntaban algo al verse y la contestación era siempre la misma: *"I'm grand"*. Por el contexto, la repetición y el tono, entendí que simplemente se preguntaban "qué tal estás".

Estaba en lo cierto en cuanto al significado, pero no sabía qué palabras estaban usando. Lo que realmente decía el que preguntaba era **how are you getting on**.

Por más que intentara entender lo que decían, para mí era indescifrable, así que simplemente empecé a contestar lo mismo que ellos: *I'm grand*. Ahora me hace gracia, pero en ese momento aún estaba en modo supervivencia.

Me pasaba el día preguntando cosas relativas al trabajo, como para también preguntar qué me decían cuando simplemente me estaban preguntando qué tal. Nadie se sorprendía así que, como parecía funcionar, yo seguí contestando lo mismo.

Después de unos meses en los que ya todas las personas de la oficina me conocían bien, me atreví a contarles con toda la vergüenza del mundo que había estado contestando sin saber exactamente lo que me estaban preguntando y que ya era hora de que me dijeran qué estaban preguntando. Nos echamos unas buenas risas y me quité un peso de encima.

Formas habituales de preguntar qué tal estás y su contexto:

How are you? – lo más común y neutral. Prácticamente para cualquier situación. Puedes añadir "doing" al final si quieres que se explayen un poco más en su contestación

How is it going? – más informal, con amigos, pero se puede usar en el trabajo con gente que veas regularmente si tienes confianza. *How is* se convierte en una palabra al pronunciar (*how's*)

How have you been? o "How has it been?" Hace tiempo que no te han visto. Lo pronuncian como *"How've you been?"* y *"How's it been?"*

What's up? Bastante informal, la dejaría para usar sólo con amigos o gente joven en general

How is everything? o *How are things?* Contexto informal si quieres que entren un poco en detalles

How is your day going? Para preguntar a mitad del día qué tal le está yendo el día a alguien

What's going on? Informal y normalmente con una nota de emoción por parte del que lo dice

Formas de responder ante alguna de esas preguntas:

I'm doing well, thank you, and you? La típica respuesta formal que enseñan los *workbooks*.

Pretty good! How about you? Informal, común para que ves regularmente

I'm doing well, thank you. And yourself? Incluso lo vas a ver acortado a simplemente *good, thanks, yourself?*

It's been good, thanks! What about you? Para contestar cuando te pregunten *"how's it been?"*

Hanging in there. Esta es del tipo *"not too bad"* o *"can't complain"*. No estás mal, pero tampoco tienes un motivo extraordinario que te haga estar especialmente feliz. Es una respuesta más honesta.

Igual que en español, en inglés hay muchísimas formas de preguntar y responder un ¿qué tal? Al final es una cuestión de sentido común. Dependerá de la relación con nuestro interlocutor, de si el contexto es formal o informal, o de si realmente queremos pararnos a hablar y entrar en detalles.

Lo importante es que conozcas estas expresiones para estar preparado en caso de que las escuches.

CÓMO DECIR DE NADA

Algo tan trivial como decir "de nada" cuando alguien te da las gracias se puede decir de mil formas diferentes en inglés, pero la mayoría sólo conocimos *you are welcome*. En español también hay varias formas, pero quizá no tantas ni tan diferentes.

He aquí formas adicionales a *you are welcome* que puedes usar:

- **No problem** → a veces abreviado como "NP", es muy común para situaciones cotidianas. Por ejemplo, cuando alguien que te da las gracias por sujetarle la puerta para entrar a un lugar.

- **Anytime** → a mí particularmente me gusta esta forma. Vendría a ser un "cuando quieras" y muestra mucha disponibilidad a ayudar de nuevo en el futuro.

- **No worries** → la persona que te da las gracias lo hace de manera más insistente porque entiende que eso que tú has hecho por ella ha supuesto una pequeña molestia para ti.

Tú dices "no te preocupes" con una sonrisa, pero por dentro te estás acordando de su familia.

- **You got it** → esta combinación de palabras es más común en Estados Unidos que en otros países de habla inglesa. Es informal y lo puedes ver usado en varios contextos:

  - o **De nada** → gracias por arreglar la impresora. Respuesta: *you got it!*
  - o **Para decir sí** → ¿te importaría recoger a los niños al salir del trabajo? Respuesta: *you got it!*
  - o **Para motivar a alguien** → mañana voy a pedir un aumento de sueldo. Respuesta: *you got it!*

- **My pleasure** → escuchar esta me encanta porque significa que estoy en Chick-Fil-A[10]. Sería el equivalente a "un placer". El objetivo es seguir ofreciendo el mejor trato posible incluso al decir "de nada" y es común para situaciones donde queremos elevar a la otra persona por encima de nosotros (normalmente un cliente).

- **You are very welcome** → te están dando las gracias de una manera muy sincera y profunda. Con esta respuesta tú contestas al mismo nivel de intensidad.

- **Otras formas** → *of course, you bet, happy to help*, y más...

---

[10] Chick-Fil-A es ~~la mejor~~ una cadena estadounidense de comida rápida. Es famosa porque sus empleados son muy disciplinados, educados y eficientes. Todos te contestan *"my pleasure"* al darles las gracias. Muchísimos adolescentes quieren trabajar allí durante los veranos porque es un sello de calidad para mostrar en su currículum más adelante.

A vs AN

La regla general que nos explicaron en el instituto es que, si la primera letra de la palabra que sigue al artículo "a" empieza por consonante, se escribe "a"; y si empieza por vocal, se escribe "an".

Lo curioso es que no es la primera letra lo que lo determina, ¡sino el sonido de la misma! El objetivo es conectar el artículo con la palabra y que suene de forma fluida, así que usarás aquel de los dos artículos –a o an– que suene mejor.

- **A university** → Este ejemplo forma parte de la regla general. Suena de forma fluida porque la "u" de "university" se pronuncia como /iu/.

- **An interesting** → Esto es la excepción a la regla. Se añade una "n" porque de otro modo habría que hacer una pequeña parada al hablar.

- **An FBI agent** → La regla también se aplica a acrónimos. Es más fluido decir /anef/ que /a-ef/.

- **An hour** → la "h" es muda y si no pusiéramos una "n" para construir "an", el sonido "a" se repetiría dos veces y sonaría raro: /anauar/ vs /a-auar/.

Recuerda, se trata de hablar de forma fluida, así que elegiremos aquel artículo que nos lo permita.

SOME vs ANY

Veamos casos donde puede haber confusión entre estas dos palabras. La teoría dice que se usa **some** en oraciones afirmativas, y **any** en oraciones negativas y preguntas. En la práctica –como no podía ser de otro modo– hay excepciones:

- **PREGUNTAS:**
  - *Some* → Si preguntas sobre algo que <u>sabes que existe y que normalmente te lo van a dar si preguntas</u>, usa *some*.
    - ✓ Por ejemplo, imagina esta situación: estás en Sevilla en agosto, entras a casa de tu amigo y tiene una jarra de agua fría y algunos vasos en la mesa → **can I have <u>some</u> water, please?** Basado en las reglas sociales, sabes que te darán agua si la pides. Sólo estás siendo cortés.
    - ✓ Si, en ese ejemplo, eres el dueño de la casa y sabes que van a aceptar lo que ofrezcas, también usa *some* → **Do you want <u>some</u> water?** Prácticamente ya tienes la jarra en la mano cuando les haces la pregunta.

  - *Any* → Si preguntas u ofreces algo, pero <u>no sabes si el objeto de la pregunta existe, o no estás seguro de si lo van a aceptar</u>, usa *any*.
    - ✓ Terminas una presentación, y preguntas: **do you have <u>any</u> questions?**

✓ Ha llegado un cliente al que no conoces, pero le tienes que hacer esperar en un sofá durante 10 minutos. Le podrías ofrecer: **do you want <u>any</u> coffee or tea?**

Es muy importante recordar que al usar *any*, el objeto de la pregunta irá siempre **en plural** si ese objeto es contable. En el ejemplo anterior, "questions" es contable así que va en plural; "coffee/tea" son incontables en inglés cuando hablamos de la bebida en general –no se puede decir "coffees or teas"–, así que se dejan en singular.

Nota: *Coffee* y *tea* por regla general son incontables, pero se pueden volver contables si hablamos de unidades. Por ejemplo: *we ordered <u>three</u> coffees and <u>two</u> teas* (pedimos tres cafés y dos tés).

- **NEGACIONES:**
  - *Some* → Casi nunca usarás *some* para negaciones. Sin embargo, puede que a veces niegues cosas <u>sólo parcialmente</u>, como en **I don't like some types of food**. Das a entender que hay algunas que no te gustan, pero no todas.

  - *Any* → En la inmensa mayoría de las negaciones, se usará *any*. **En inglés no existe la doble negación.**

Mientras que en español podemos decir "no sé nada", **en inglés no se puede decir** *I don't know nothing*. Podrías decir ***I know nothing*** (sin usar *any*), pero por favor nunca digas *I don't know nothing*.

En su lugar, habría que decir *I don't know anything*. ***Any***, ***anything***, ***anyone***, ***anybody***, ***anywhere***, y otras parecidas son palabras positivas. Es decir, son las que usaremos para negar en inglés depende de lo que queramos decir. Otras palabras que denotan negación como ***never, refuse, reject, hardly, deny, without, barely*** y otras similares también necesitarán *any* o sus variantes para que la negación sea gramaticalmente correcta. Por ejemplo:

✓ ***There was barely any food left*** → No sobró prácticamente nada de comida
✓ ***She passed the exam without any difficulty*** → Ella aprobó el examen sin ninguna dificultad.

- **AFIRMACIONES:**
  ○ *Some* → Es el caso típico. La regla general dice que se usa con oraciones afirmativas.
    ✓ ***Let's have <u>some</u> fun!*** (¡Vamos a divertirnos un poco!)
    ✓ ***There are <u>some</u> books on the floor*** (hay algunos libros en el suelo)

Además de estos casos, hay otros donde usamos *some* para dar énfasis al sujeto de una frase. En español a veces decimos "un tal..." para referirnos a alguien que no conocemos muy bien. Por ejemplo, **some John called you earlier** (un tal John te ha llamado antes).

o *Any* → Se puede usar en oraciones afirmativas cuando su traducción sea equivalente a "cualquier" o "cualquiera". Si la traducción fuera "alguno/a", o "algunos/as", se usaría *some*.

✓ Pick any card from the deck (elige cualquier carta del mazo)

✓ Take any bus, they all go downtown (toma cualquier autobús, todos van al centro)

✓ You can call me at any time (puedes llamarme en cualquier momento)

WON'T... ¿¿EN PRESENTE??

Sí, usar *won't* (*will not*) en presente es posible. De hecho, no sólo es posible, sino que es útil y común. Sirve para expresar obstinación o frustración ante un hecho. Por ejemplo:

CON OBJETOS:

- ***I've been trying for hours to fix my printer, but it <u>won't</u> work*** → he estado tratando de arreglar la impresora durante horas, pero <u>no quiere</u> funcionar

- ***The battery is new, but the car<u> won't</u> start*** → la batería es nueva, pero al coche <u>no le da la gana</u> de arrancar

Fíjate en las palabras subrayadas de las traducciones. Es como si, con ellas, le estuviéramos dando personalidad a los objetos al decir que no hay manera de hacerlos funcionar. Como si ellos mismos decidieran no funcionaran a propósito (lo cual estoy seguro de que ocurre con las impresoras).

No es simplemente que algo no ocurre como debería, sino que implica persistencia o terquedad en el objeto y, por supuesto, frustración en quien dice la frase.

CON PERSONAS:

- ***The baby has eaten and slept as much as always, but he <u>won't</u> stop crying*** → el bebé ha comido y dormido tanto como siempre, pero <u>no hay manera</u> de que pare de llorar).

- ***I was in a rush, but he wouldn't stop talking*** → tenía prisa, pero <u>no había forma</u> de que se callara. Por cierto, **"to be in a hurry"** y **"to be in a rush"** son dos formas para decir que tenemos prisa. *Rush* indica más prisa que *hurry*.

EITHER

Either es otra de esas palabras útiles para el día a día que te ayudarán a sonar "más natural".

First things first... Para que te puedas imaginar en tu cabeza los ejemplos que veremos a continuación –o por si los quieres decir en voz alta– vamos a ver cómo se pronuncia esta palabra. Es importante porque los británicos y los americanos la pronuncian de forma diferente, aunque ambas son correctas. De hecho, en la parte norte del Reino Unido se pueden escuchar ambas.

Americanos → /í-der/   Británicos → /ái-dah/

¿Y para qué se usa *either*?

1. | **PARA DECIR "TAMPOCO"** | → en frases negativas, el adverbio "tampoco" se usa para negar una cosa después de haberse negado otra. Por ejemplo: *I don't like cheese, and I don't like olives either* (no me gusta el queso, y las aceitunas tampoco).

   Quitando que esa frase es real y que mi mujer dice que deberían quitarme el pasaporte español inmediatamente, lo que yo aprendí con la teoría es que para decir "tampoco" había que usar *neither* → *I like neither cheese nor olives*. Obviamente es correcto, pero en la práctica se usa mucho más *either* que *neither*. Incluso, esta frase la podrías escuchar como *I don't like cheese or olives*, y sería perfectamente correcto en una conversación.

   Reserva *neither* para cuando quieras ser más sofisticado y formal.

2. | **PARA DAR OPCIONES** | → Piensa en la típica frase amenazante de madre española "*o te pones el abrigo, o no sales a la calle*". Esta estructura "O... o..." se construye con *either* → *either you put your coat on, or you won't go outside*".

   Sin tener que amenazar, *either* también sirve para introducir opciones: *you can have either fish or meat* (puedes tomar carne o pescado). Además, para mostrar tu preferencia sobre una de las opciones podrías contestar usando la palabra *rather* → *I'd rather have fish than meat*. Sería lo mismo que decir *I prefer fish to meat*.

Recuerda que en inglés no existe la doble negación, por lo tanto:

Cuando el verbo esté en positivo → usa **either**

Cuando el verbo esté en negativo → usa **neither**

Algunas expresiones con **either/neither** que ayudan mucho:

- **Me neither** (yo tampoco): *I don't watch hockey;* Me neither → Yo no veo hockey; yo tampoco.

- **Either way** (de cualquier forma): *We can take the train or drive;* either way, *we'll get there on time* → Podemos coger el tren o conducir; de cualquier forma, llegaremos a tiempo.

- **Either one** (Cualquiera de los/las dos): *Do you prefer the meeting at 9am, or at 11am?;* either one *works for me* → ¿Prefieres la reunión a las 9am, o a las 11am?; cualquiera de las dos me va bien.

- **On either side** (a ambos lados): *There were trees on either side of the road* → Había árboles a ambos lados de la carretera.

OMITIENDO PALABRAS

¿Sabes qué? En inglés coloquial, especialmente en Estados Unidos, existe lo que yo llamo "preguntas eficientes". Son versiones cortas donde se omite el sujeto y el auxiliar (do/did/have). Por ejemplo:

- *Want some coffee?* (Do you want some coffee?)
- *Got a minute?* (Do you have a minute?)
- *Need help?* (Do you need help?)
- *Coming to the party?* (Are you coming to the party?)
- *Want a ride?* (Do you want a ride?)
- *You ok? (Are you ok?)*

Puedes hacer esto en situaciones informales (amigos, familia, compañeros de trabajo cercanos, mensajes de texto...), pero mejor no lo uses de forma escrita si estás escribiendo un email serio o postulándote para un trabajo.

PHRASAL VERBS

Lo siento, pero... Esto hay que sabérselo muy bien. Los *phrasal verbs* combinan un verbo con una preposición o un adverbio para darle un nuevo significado al verbo, a veces cambiándolo completamente.

Confirmo que existen y que las horas de repetición en el instituto no fueron en vano porque en un ambiente real se usan **continuamente**.

Dicho eso, en muchas ocasiones he comprobado que los hablantes nativos no saben qué es un *phrasal verb* per se. Ellos usan esas combinaciones de forma natural porque les suena bien y están acostumbrados. Igual que nosotros los hispanohablantes, cuando conjugamos los verbos en modo subjuntivo porque "nos suena bien", sin conocer con precisión la teoría que hay detrás.

¿Qué hace tan difíciles a los *phrasal verbs*?

a) Salvo contadas excepciones, no existe un equivalente directo en español al intentar traducir.

b) A menudo, su significado no tiene nada que ver con las palabras que lo componen. Se aprenden a base de práctica y repetición.

c) Muchos verbos comunes pueden combinarse con diferentes partículas para crear significados completamente distintos.

d) Algunos son separables (el objeto puede ir entre el verbo y la partícula) mientras que otros siempre irán juntos.

e) Todas son correctas.

La e) es la respuesta correcta. Aprovecho para contarte que, en inglés, esa respuesta se escribiría como *"all of the above"*, y que los hablantes nativos también usan esta expresión al hablar. Por ejemplo: **"Are you tired, hungry, cranky, or all of the above?"** (¿estás cansado, hambriento, irritable o, de todo un poco?).

Antes de meternos con algunos ejemplos y quejarnos de lo difícil que parece esto, voy a romper una lanza por el inglés y decir que es el español tiene casos equivalentes a los *phrasal verbs*, por ejemplo:

- Contar **con** alguien (tener apoyo) vs Contar **a** alguien (contar una historia)
- Salir (marcharse) vs Salir **adelante** (superar algo)
- Dar **con** algo (encontrar) vs Dar **a** algo (golpear)
- Pasar (entrar) vs Pasar **por alto** (ignorar)
- **Acordar** algo (decidir) vs **Acordarse de** algo (recordar)
- Echar menos (cantidad) vs Echar **de** menos (sentir falta de algo)
- Tener (poseer) vs Tener **en cuenta** (considerar). Este último es unas de esas contadas excepciones que se puede traducir literalmente como **take into account**.

Hay muchos más... El español es un idioma con una fonética fácil, pero con una gramática muy difícil de dominar: las palabras tienen género, hay muchísimas formas verbales, la «b» y la «v» suenan igual, la h es muda, etc...

Cada idioma tiene sus ventajas y desventajas. Por lo general, el español es un idioma difícil al principio, pero más fácil a medida que aprendes. Mientras que el inglés es fácil al principio, pero difícil de hablar perfecto.

Para los *phrasal verbs*, te recomiendo:

A) Ponlos en contexto:

En lugar de memorizar una lista de *phrasal verbs* que se te acabará olvidando, escribe frases enteras utilizándolos. Por ejemplo: en lugar de memorizar "***give up*** = rendirse", practica escribir frases completas como "*I wanted to **give up**, but I decided to keep trying*". El hábito de construir frases cada vez que aprendemos una palabra nueva es bastante útil para asentar los conceptos.

B) Simplifica:

Asocia los *phrasal verbs* con palabras simples que signifiquen lo mismo. Por ejemplo, ***give up*** es un sinónimo de ***surrender, quit*** o ***abandon***.

C) Fíjate en los patrones:

Normalmente, las combinaciones de "verbo + *up*", "verbo + *down*", "verbo + *out*", etc, suelen tener similitudes en cómo cambian al verbo. Intenta descubrir algunos patrones con los ejemplos a continuación.

VERBO + UP

---

1. **Incremento** (*up* = arriba = más). Aquí existe una acción y tratas de potenciarla:

- **Cheer up!** → ¡anímate! *Hey, cheer up! It's not the end of the world* (¡Eh, anímate! No es el fin del mundo).
- **Speed up!** → ¡acelera! *We're going to be late, speed up!* (¡Vamos a llegar tarde, ¡acelera!).
- **Hurry up!** → ¡date prisa! *Can you hurry up? We're going to miss the movie!* (¿Puedes darte prisa? ¡Vamos a perder la película!)

2. **Completar una acción:**

- **Finish up** → acción de terminar de hacer algo que ya estaba en proceso. *Can you finish up the dishes while I put the kids to bed?* (¿Puedes terminar los platos mientras acuesto a los niños?)

- **Meet up** → acción de reunirse con alguien. Tiene una connotación social ("quedar" en español). Sólo "meet" sería más formal, como para una reunión de trabajo. *Do you want to meet up for lunch?* (¿Quieres quedar para comer?)

- **Screw up** → meter la pata o cometer un error al hacer algo. Por ejemplo, si confundes el bote de la sal y el azúcar al cocinar. *I screwed up the recipe by confusing salt with sugar. The cake was inedible!* (Metí la pata con la receta al confundir la sal con el azúcar. ¡La tarta estaba incomible!)

- **Fuck up** ➔ "cargarla" <u>pero bien</u> al completar una acción. Por ejemplo, si se te cae la tortilla de patatas al suelo al darle la vuelta. *I totally <u>fucked up</u>. I was trying to show off by flipping the tortilla de patatas in the air, and now our dinner is all over the floor* (La he cagado pero bien. Estaba intentando hacerme el chulo dando la vuelta a la tortilla en el aire, y ahora nuestra cena está toda por el suelo). Recuerda que esta palabra es muy vulgar y malsonante. Siempre puedes usar la menos grave "*screw up*", otras como "*mess up*" o, simplemente, "*I made a mistake*".

- **Look up** ➔ significa lo mismo que "buscar". Por ejemplo, *can you <u>look</u> it <u>up</u> on Google?* (puedes buscarlo en Google?).

- **End up** ➔ terminar haciendo algo después de algún tiempo de espera. *Despite being down 0-1 for most of the game, they <u>ended up</u> winning the Champions League final 4-1* (a pesar de ir perdiendo 0-1 durante la mayor parte del partido, terminaron ganando la final de la Champions League 4-1). *By the way* (por cierto), en el Reino Unido, para hablar de marcadores deportivos, "nil" equivale a 0. Por ejemplo, 3-0 un británico lo diría como "three - nil".

3. Iniciar algo. En un sentido amplio, te estás refiriendo a dejar cosas listas para usarse.

- **Set up** ➔ configurar, montar. *We need to <u>set up</u> the Christmas tree* (Tenemos que montar el árbol de Navidad).

- **Wake up** ➔ despertarse. *<u>Wake up</u>! You're going to be late!* (¡Despierta! ¡Vas a llegar tarde!).

- **Brush up →** refrescar algo que aprendiste hace tiempo. *You should brush up on your Excel skills for the new job.* (Deberías refrescar tus conocimientos de Excel para el nuevo trabajo).

VERBO + DOWN

---

1. **Reducción** (*down* = abajo = menos):

- **Slow down →** reducir la velocidad. *The doctor told me to slow down and take it easy.* (El médico me dijo que redujera el ritmo y me lo tomara con calma).

- **Turn down →** rechazar una oferta de trabajo / bajar el volumen. *She turned down a job offer from Google* (Rechazó una oferta de trabajo de Google).

- **Cut down →** reducir cantidad. *I'm trying to cut down on sugar* (Estoy intentando reducir el azúcar).

- **Calm down →** calmarse / reducir exaltación. *Take a deep breath and calm down.* (Respira hondo y cálmate).

- **Break down →** simplificar. *Can you break down the project into more manageable tasks?* (¿Puedes simplificar el proyecto en tareas más sencillas?)

Además, **break down** también significa dejar de funcionar (*my car just broke down*); romper a llorar (*to break down into tears*); o descomponer elementos químicos (*water breaks down into hydrogen and oxygen*).

VERBO + OUT

1. **El final de algo.** Idea de que algo ya no existe.

- **Throw out** → tirar algo. *We need to throw out this expired milk.* (Tenemos que tirar esta leche caducada).

- **Put out** → apagar un fuego. *The firefighters put out the fire quickly.* (Los bomberos apagaron el fuego rápidamente).

- **Leave out** → dejar fuera. *Please don't leave out any important details.* (Por favor, no omitas ningún detalle importante).

- **Run out** → agotarse. *We're running out of milk* (Nos estamos quedando sin leche).

2. **Completar una acción.** Imagínatelo como si hicieras algo desde tu posición hacia afuera, hacia tu alrededor.

- **Hand out** → entregar en mano / repartir. *They were ==handing out== free samples at the store*. (Estaban repartiendo muestras gratis en la tienda).

- **Spread out** → extender/repartir. *Let's ==spread out== the workload among the team*. (Vamos a distribuir la carga de trabajo entre el equipo).

- **Figure out** → resolver. *Have you ==figured out== what you want to do after college?* (¿Has resuelto qué quieres hacer después de la universidad?)

- **Check out** → comprobar algo / echar un ojo a algo. *==Check out this new restaurant!==* (¡Mira este restaurante nuevo!)

*Si esta sección se te está haciendo cuesta arriba, no te preocupes, ¡a todos nos ha pasado! Los phrasal verbs son complicados, pero valen la pena. **¡Sigue adelante y no te rindas! ¡Tú puedes!***

VERBO + IN

---

1. **Entrada.** Hacen referencia a formar parte de algo:

- **Come in** → entrar. *It's cold outside, please come in*. (Hace frío fuera, por favor entra).

- **Join in** → participar. *The kids were playing and I decided to join in*. (Los niños estaban jugando y decidí unirme).

- **Sign in** → identificarse. *You need to sign in to access your email*. (Necesitas iniciar sesión para acceder a tu email).

- **Fill in** → rellenar un formulario. *Please fill in this form*. (Por favor, rellena este formulario). También, si quieres que alguien te sustituya en el trabajo mientras estás de vacaciones, podrías preguntarlo así: *can you fill in for me while I'm on vacation?*

2. **Concentración o Atención**:

- **Zoom in** → *hacer zoom* o acercar la imagen; lo contrario sería *zoom out* para alejar la imagen. *Zoom in on that detail in the photo*. (Agranda ese detalle en la foto); *Let me zoom out to show you the whole picture*. (Déjame alejar la imagen para mostrarte toda la foto).

- **Tune in** → sintonizar una radio o retransmisión. *Millions of people tuned in to watch the final*. (Millones de personas sintonizaron para ver la final)

- ***Lock in*** ➔ asegurar algo para que deje de moverse. Significa fijar un objetivo que es dinámico. Por ejemplo, si adquieres una hipoteca a un tipo de interés fijo del 3%, en inglés se diría ==*I locked in my mortgage's interest rate at 3%,*== porque los tipos de interés están cambiando constantemente, pero tú has conseguido uno fijo que ya no va a cambiar.

VERBO + OFF

---

1. **Terminación:**

- ***Cut off*** ➔ cuando se corta algo momentáneamente. ==*Sorry, I got cut off. The phone signal is terrible here.*== (Perdona, se cortó. La señal del teléfono aquí es terrible). También se puede usar para un corte eléctrico o para si alguien te interrumpe en una conversación.

- ***Turn off*** ➔ apagar. ==*Don't forget to turn off the lights before leaving.*== (No olvides apagar las luces antes de irte).

  "Verbo + off" para indicar terminación tiene un significado parecido a "verbo + out" cuando éste significa finalización. La diferencia radica en que en el primer caso estamos hablando de acciones repetibles en el tiempo (apagar y encender luces), mientras que en "verbo + out", si tiramos algo a la basura ya no lo vamos a ver nunca más. Es decir, es finalizar algo sin posibilidad de reanudar. Dicho de otra forma, "verbo + off" sería más parecido a "pausar", y "verbo + out" más parecido a terminar definitivamente.

2. **Logro/Éxito:**

- **Pull off →** lograr hacer algo difícil con éxito. *They pulled off an amazing wedding with just two weeks of planning*. (Lograron organizar una boda increíble con sólo dos semanas de planificación).

3. **Separar dos cosas:**

- **Take off →** quitarse la ropa. *It was so hot I had to take off my jacket*. (Hacía tanto calor que tuve que quitarme la chaqueta). También puedes usarlo para hablar del despegue de un avión. *The plane takes off in 10 minutes*. (El avión despega en 10 minutos).

- **Back off →** retroceder/retirarse. *The police told the crowd to back off*. (La policía dijo a la multitud que retrocediera). *Our competitor backed off when they saw our prices*. (Nuestra competencia se retiró cuando vio nuestros precios).

- **Drop off →** dejar algo en lugar asignado de recogida. I'll drop off the kids at school. (Dejaré a los niños en el colegio). También como adjetivo: *The rental car drop-off area is on level 2*. (La zona de devolución de coches de alquiler está en el nivel 2).

Off en estos ejemplos significa separar cosas que estaban juntas: el avión y la pista, tú y la ropa, tú y el coche de alquiler, tú y tu hijo.

VERBO + ON

1. **Continuación**:

- **Carry on** o **Go on** → continuar. ==*Don't let this setback stop you, carry on!*== (No dejes que este contratiempo te detenga, ¡continúa!)
- **Move on** → seguir adelante. ==*After the breakup, she found it hard to move on*==. (Después de la ruptura, le resultó difícil seguir adelante). ==*Let's move on to the next topic.*== (Pasemos al siguiente tema).

2. **Dependencia**:

- ***Rely on*** → depender de. ==*The business relies heavily on tourism.*== (El negocio depende mucho del turismo). Este además es un ejemplo de cómo los *phrasal verbs* se pueden modificar (en este caso, intensificar) con adverbios (*heavily*).

- **Count on** → contar con. ==*Count on me, I'll be there*==. (Cuenta conmigo, estaré allí).

Hasta aquí los *phrasal verbs*. Es difícil, pero aquí está la buena noticia: una vez que domines estas combinaciones, empezarás a ver patrones donde en un sentido amplio "up" suele significar más, "down" menos, "out" fin o hacia afuera, etc.

Con el tiempo, tu cerebro comenzará a hacer estas conexiones automáticamente y podrás incluso intuir o crear tus propios *phrasal verbs* sobre la marcha. No es magia: es que habrás interiorizado cómo estas partículas modifican el significado de los verbos para expresar exactamente lo que quieres decir.

Y sí, hay muchísimas más combinaciones, pero no te agobies. Con las que hemos visto aquí ya tienes una base sólida para comunicarte eficazmente. El resto vendrá con la práctica.

GET + ADJETIVO

El verbo *get* es realmente útil. Normalmente traducido como "obtener" o "adquirir", nos ayuda también a expresar un cambio de estado en algo o alguien cuando va junto a un adjetivo. Los adjetivos se convierten en verbos o en oraciones que usan el "se" impersonal (las clases de Lengua y Literatura no resultaron ser del todo inútiles, al fin y al cabo).

Adjetivo	Traducción	Get + Adjetivo	Significado
Cold	Frío	Get Cold	Enfriar
Happy	Feliz	Get Happy	Ponerse feliz
Sick	Enfermo	Get Sick	Enfermar
Rich	Rico	Get Rich	Hacerse rico
Late	Tarde	Get Late	Hacerse tarde

GET COLD

- *The soup is getting cold* (La sopa se está enfriando)
- *I'm getting cold, let's go inside* (Me estoy quedando frío, vamos dentro)
- *Don't let your coffee get cold* (No dejes que se enfríe tu café)

GET HAPPY

- *He gets happy when he sees his siblings* (Se pone feliz cuando ve a sus hermanos)

- *I got really happy when I heard the news* (Me puse muy contento cuando escuché la noticia)
- *Let's get happy! It's Friday!* (¡Pongámonos felices! ¡Es viernes!)

GET SICK

- *I always get sick in winter* (Siempre me pongo malo en invierno)
- *She got sick after eating seafood* (Se puso enferma después de comer marisco)

GET RICH

- *He got rich investing in real estate* (Se hizo rico invirtiendo en inmuebles)
- *Everyone wants to get rich quickly* (Todo el mundo quiere hacerse rico rápidamente)

GET LATE

- *It's getting late, we should go* (Se está haciendo tarde, deberíamos irnos)
- *I got late to work because of traffic* (Llegué tarde al trabajo por el tráfico)

EL USO DE HOLD

Si te aprendes esto bien, te llevan directo al psiquiátrico:

- **Hold on**: esperar un momento.
    Can you <u>hold on</u> for a second? (¿Puedes esperar un momento?)

- **Hold off**: posponer algo.
    We're going to <u>hold off</u> until we have everyone's buy-in. (Vamos a posponerlo hasta que tengamos la aprobación de todos).

- **Hold up**: retrasar una acción.
    The meeting was <u>held up</u> by traffic. (La reunión se retrasó debido al tráfico).

- **Hold back**: aguantarse o no mostrar algo.
    She <u>held back</u> her tears during the speech. (Contuvo las lágrimas durante el discurso).

- **Hold out**: resistir una situación difícil.
    Despite the lack of supplies, the soldiers <u>held out</u> for weeks in the bunker. (A pesar de la falta de suministros, los soldados resistieron durante semanas en el búnker).

- **Hold down**: mantener algo en el tiempo.
    She's been <u>holding down</u> the same job for over five years. (Ha estado manteniendo el mismo trabajo durante más de cinco años).

- **Hold with**: estar de acuerdo en algo, pero usado normalmente en frases negativas.

  > *I don't hold with that kind of behavior in my classroom.* (No tolero ese tipo de comportamiento en mi clase).

- **Hold against**: culpar a alguien. Echar en cara. Criticar.

  > *Don't hold it against him; he didn't know about your allergy.* (No se lo tengas en cuenta; no sabía lo de tu alergia).

- **Hold forth**: hablar durante mucho tiempo y aburriendo a la audiencia.

  > *The professor held forth on his political opinions for over an hour.* (El profesor se extendió hablando de sus opiniones políticas durante más de una hora).

- **Hold over**: extender durante un periodo de tiempo mayor del previamente acordado.

  > *The movie was so popular that the cinema held it over for another week.* (La película tuvo tanto éxito que el cine la mantuvo una semana más).

Si tuvieras que elegir sólo unos pocos para aprender de memoria, te recomendaría los cuatro primeros.

PALABRAS + EVER

Son navajas suizas. La misión de estas palabras es hacerte la vida más fácil al hablar inglés. Son tan útiles que te va a encantar usarlas y te sacarán de un aprieto cuando quieras decir cosas como "lo que sea", "donde sea", "quien sea", etc. Estas palabras te ayudan a comunicar un <u>sentido de indiferencia</u> donde lo que importa es que se complete la acción de la oración, no quién o dónde se lleve a cabo. Vamos a ver *whatever, however, whomever, whoever, whenever, wherever* y *whichever*.

WHATEVER → (Qué + ever) = Lo que sea, sin importar el qué.

Since it's your birthday, you can eat <u>whatever</u> you want (como es tu cumpleaños, puedes comer lo que quieras).

Aprovecho para mencionar este uso útil de la palabra **since**. En el colegio nos enseñaron que **since** significaba "desde" (ejemplo: **since 1990**), pero también puede significar "porque" para introducir la razón de algo. Un ejemplo adicional sería: **we moved to this house since we outgrew our previous one** (nos mudamos a esta casa porque la anterior se nos quedó pequeña). En estos ejemplos, **since** sería intercambiable con **because**.

Además, *whatever* lo puedes usar para otros momentos en los que quieras decir cosas como "digas lo que digas, yo llegué primero" (*whatever you say, I got here first*); o "pase lo que pase, estaremos siempre juntos" (*whatever happens, we will always be together*).

HOWEVER → (Cómo + ever) = de cualquier forma.

We have to help them <u>*however*</u> *we can* (tenemos que ayudarles de cualquier forma en que podamos).

Pero… a mí me dijeron que *however* significaba "sin embargo". Y es cierto, esta palabra se puede usar en ambos casos. Cuando significa "sin embargo", *however* se suele escribir al inicio de la oración y seguido de una coma.

WHOMEVER → (Quién <u>objeto</u> + ever) a quien sea, con quien sea.

Give the prize to <u>*whomever*</u> *wins the race* (dale el premio a quien sea que gane la carrera).

Aprovechemos para hablar de la palabra *whom*. Si quisiéramos decir simplemente "a quién", sin mostrar tanta indiferencia como con la palabra *whomever*, entonces deberíamos usar sólo **whom**. Por ejemplo, **whom did you invite to the party?** (¿a quién invitaste a la fiesta?).

Si no tenemos muy clara la distinción entre el sujeto y el objeto de una frase, se pueden confundir **Who** y **Whom**. Si la frase fuera "¿quién te invito a la fiesta?" Ese "quién" es el sujeto y entonces usaríamos **Who**.

Dicho esto, la palabra **whom** es muy formal. A los hablantes nativos les suena pedante y no lo suelen decir casi nunca. En su lugar, usan **who** para todo, aunque gramaticalmente sea incorrecto. Por mi experiencia, te aconsejaría usar **whom** en situaciones serias/formales como un email de trabajo. Otro lugar donde comúnmente se ve la palabra **whom** es en las cartas donde, al comienzo de éstas, se suele escribir **to whom it may concern** para indicar un "a quien corresponda".

WHOEVER → (Quién <u>sujeto</u> + ever) = quien sea

Whoever crosses the finish line first, wins the race (quienquiera que cruce primero la línea de meta, gana la carrera).

¿Sabías que la frase anterior también se puede escribir como "**He who** crosses the finish line first, wins the race"? Las dos significan exactamente lo mismo, pero se ha cambiado "however" por "he who". Traducido, sería pasar de un genérico "quien" a uno con más énfasis en la persona que realice la acción "aquel que..." La segunda opción es más formal en textos escritos y tiene una mayor calidad artística.

Otras formas más modernas de decir lo mismo, serían: **the person** who crosses the finish line first, wins the race; **the one** who crosses the finish line first, wins the race. En general en inglés hay muchas formas de decir lo mismo, así que no te agobies si no te sale exactamente la palabra que tú quieres. Seguro que hay otra forma de decirlo.

WHENEVER → (Cuándo + ever) = cuando sea

Feel free to call me <u>whenever</u> you need help (no dudes en llamarme cuando sea que necesites ayuda).

Feel free to... y **do not hesitate to...** son dos formas de decir "no dudes en..." y sirven para mostrar a otra persona que estás dispuesta a hacer algo por ellos a su plena disposición.

WHEREVER → (Dónde + ever) = donde sea

If I could, then I would,
I'll go <u>wherever</u> you will go
Way up high or down low
I'll go <u>wherever</u> you will go

(Si pudiera, entonces lo haría,
Iré a <u>dondequiera</u> que vayas,
Muy arriba o muy abajo,
Iré a <u>dondequiera</u> que vayas).

Si has adivinado que se trata de la primera estrofa de la canción *Wherever You Will Go*, de *The Calling*, ¡enhorabuena! Aquí te dejo un QR a la canción en Youtube, la cual es buena para practicar tu pronunciación.

WHICHEVER → (Qué + ever) = Lo que sea, cualquiera que sea, sin importar cuál.

We'll have ice cream, and you could pick <u>whichever</u> flavor you like! (tendremos helado y podrás elegir cual sea el sabor que te guste)

He aquí un pequeño mensaje combinando todas estas palabras terminadas en -ever:

*Wherever you go, **whoever** you meet, remember this: **whatever** happens and **whenever** it occurs, you can handle it **however** you choose. **Whichever** path you take and **whomever** you travel with, trust in yourself.*

Traducción: **adondequiera** que vayas, a **quienquiera** que conozcas, recuerda esto: **pase lo que pase** y **cuando sea** que ocurra, podrás gestionarlo de la forma que tú elijas. **Cualquiera que sea** el camino que tomes y **con quienquiera** que viajes, confía en ti mismo.

EL VERBO MAKE

¿Cómo dirías, entre otros, "<u>conseguir</u> ser parte de una lista importante" sin decir *join*; "<u>conseguir</u> asistir a un lugar a tiempo" sin decir *attend*; o "<u>conseguir</u> tener éxito en algo difícil" sin la palabra *success*?

Tanto en positivo como en negativo, verás que algunas veces se usa el verbo *make*. ¿Y por qué subrayé "conseguir"? Porque *make* implica un pequeño matiz: la acción a la que nos referimos lleva asociada una carga de dificultad, oposición o bajas probabilidades de suceder.

Normalmente, nunca diríamos "he <u>conseguido</u> entrar en la universidad de mi pueblo", la cual nadie conoce, pero sí diríamos "he <u>conseguido</u> entrar en Harvard", porque el acceso a Harvard se presupone difícil.

Usando el ejemplo del principio, si quieres decir que algo consiguió formar parte de una lista súper importante, puedes decir *it <u>made</u> it onto the list.* Por ejemplo: *Elizabeth Holmes made it onto the Forbes 30 under 30 list.*

Este verbo, que normalmente significa "hacer" en el sentido de fabricar algo, se usa aquí para mostrar éxito en una acción difícil. Otros ejemplos podrían ser:

1. *He made it in Hollywood.* (Consiguió tener éxito en Hollywood). Se presupone difícil porque muchos fracasan en el intento.
2. *I could not make it to the party.* (No pude asistir a la fiesta). Se entiende que algo ocurrió que me impidió

llegar. Sería natural que alguien me preguntara a continuación: *what happened?*

3. ***I made it to the airport on time.*** (Llegué al aeropuerto a tiempo). Suena a que iba con prisa y que estuve cerca de perder el avión.

Más usos muy comunes del verbo ***make***:

- **Burlase** (make fun): *don't **make fun** of me.* (No te burles de mí). Esto me lo dijo mi mujer el día que nos conocimos. El título *clickbait*[11] del vídeo de YouTube sería: *"Me burlo de una americana. Acaba bien."*

- **Tener sentido** (make sense): *English doesn't **make sense**.* (El inglés no tiene sentido).

- **Asegurarse** (make sure): *Please **make sure** the door is locked before you leave.* (Por favor asegúrate de que la puerta está cerrada antes de marcharte).

- **Esforzarse** (make an effort): *you need to **make an effort** if you want to improve your English.* (Tienes que esforzarte si quieres mejorar tu inglés).

- **Marcar la diferencia** (make a difference): *Volunteering can **make a difference** in your community.* (El

---

[11] ***Bait*** significa cebo. Te ponen el cebo para que hagas click en la noticia/vídeo.

voluntariado puede marcar la diferencia en tu comunidad).

- **Progresar** (make progress): *He's **making progress** with his English lessons. (Está progresando en sus clases de inglés).*

- **Cometer un error** (make a mistake): *We all **make mistakes**, it's part of learning.* (Todos cometemos errores, es parte del aprendizaje).

- **Encontrar/sacar tiempo** (make time): *You need to **make time** for yourself.* (Necesitas sacar tiempo para ti).

- **Hacer hueco** (make room): *We need to **make room** for the new furniture* (tenenos que hacer hueco para los muebles nuevos).

- **Aprovechar** (make the most of): *Let's **make the most** of the good weather and go to the beach* (aprovechemos el buen tiempo y vayamos a la playa).

- **Ganarse la vida** (make a living): *She **makes a living** as a freelance writer* (ella se gana la vida como escritora independiente).

- **Hacer feliz a alguien** (make someone's day): *Your compliment **made my day**!* (¡tu elogio me alegró el día!)

HACER... MAKE vs DO?

Estos dos verbos presentan dificultades para los hispanohablantes porque ambos se traducen como "hacer" en español. El truco es asociar **make** con fabricar, y **do** con realizar acciones.

Usamos **"DO"** con tareas que no involucran la creación de algo físico sino más bien la realización de un proceso, una acción. A continuación unos pocos de los muchos casos donde se usa:

- Para tareas → **do** the dishes; **do** your homework
- Para actividades indefinidas → what are you going to **do** this weekend?; he doesn't know what to **do.**
- Para pedir un favor → can you **do** me a favor?

Por el otro lado (*on the other hand*), usamos **"MAKE"** para elaborar algo que antes no existía. Tiene un componente de crear, construir o producir algo tanglible. Por ejemplo:

- Para hacer algo de comer → do you want me to **make** you a BLT[12] sandwhich?
- Para tomar una decisión → we'd better **make** a decision before Friday.
- Causar una situación → Ali Wong's comedy show **made** me laugh hard.
- Provocar sentimientos → the movie **made** me cry.

---

[12] Bacon, Lettuce, Tomato

Más expresiones:

- **To *do* your best** (hacer algo lo mejor posible, esforzarse al máximo).

- **To *do* nothing** (no hacer nada). Recuerda que en inglés no existe doble negación como en español. Tienes dos opciones para decir esto en inglés: *do nothing*, o *don't do anything*.

- **To *do* damage** (causar un daño)

- **To *do* the paperwork** (hacer el papeleo)

- **To *do* research** (llevar a cabo una inverstiación)

- **To *make* money** (ganar dinero)

- **To *make* Friends** (hacer amigos)

- **To *make* a phone call** (llamar por teléfono)

- **To *make* a deal** (cerrar un trato)

- **To *make* a profit** (conseguir beneficio financiero)

ACTUAL vs ACTUALLY

Las dos son palabras en inglés y para mí fueron una revelación porque me ayudaron a expresarme mejor a la hora de comparar ideas o situaciones.

Actual /ákshuol/ es un adjetivo que significa 'real', en el sentido de verdadero. Por ejemplo: ***the actual cost was much higher than the quote*** (el coste real fue mucho más alto que el presupuesto).

Actually /ákshuoli/ es un adverbio que significa 'en realidad' o 'de hecho'. Un error común es pensar que significa "actualmente". ***Currently*** es la palabra para decir "actualmente". *Actually* se usa para enfatizar que algo es verdadero al compararlo con una afirmación previa y contraria. Se puede usar para:

- Corregir → ***he looks young, but he's actually in his sixties***. Parece joven, pero en realidad ya ha entrado en los sesenta.
- Clarificar → ***I thought it would be expensive, but it's actually quite cheap.*** Pensaba que sería caro, pero en realidad es bastante barato.
- Indicar sorpresa → ***actually, I think I know the answer!*** De hecho, ¡creo que sé la respuesta!

SUFIJOS -ISH y -WISE

Estos dos sufijos son bastante útiles a la hora de añadir información y demuestran la gran economía de lenguaje y versatilidad que tiene el inglés.

-ISH: este sufijo lo puedes añadir a adjetivos, cualidades y cantidades. Si lo haces, conseguirás que el significado de la palabra cambie a algo que es <u>aproximado o parecido</u> a la palabra original a la que añadiste el sufijo. Por ejemplo:

- Adjetivo: **green → greenish** (verde → verdoso o tirando a verde)
- Cualidad: **tall→ tallish** (alto→ tirando a alto)
- Cantidad: **four → fourish** (cuatro → más o menos cuatro)

-WISE: se añade a nombres e indica "**con respecto a** ese nombre", "**en términos de** ese nombre" o "**en relación con** ese nombre". También significa "**en la dirección de**". Por ejemplo:

- Money + wise → ***Moneywise, this project is unprofitable*** (en términos de dinero, este proyecto no puede generar beneficio).
- Clock + wise → ***Clockwise*** (en dirección a las agujas del reloj).
- Counterclock + wise → ***Counterclockwise*** (en dirección opuesta a las agujas del reloj).

Sobre -ISH y -WISE, quiero terminar diciendo que, si bien te ayudan a comunicarte más rápido, no se suelen ver escritas en lenguaje formal. Por tanto, a pesar de ser comunes, intenta no usarlas en esos ambientes donde frases más completas son recomendadas.

¿SE PUEDE DECIR *PERSONS*? ¿Y *PEOPLES*?

En el instituto aprendimos que el plural de persona (person) es **people**, pero... ¿sabías que un conjunto de personas también se puede decir **persons**?

La forma **persons** para referirse a un plural de personas es totalmente correcta, PEEEERO se relega al ambiente legal o muy formal. Por ejemplo, las empresas que fabrican ascensores siempre muestran la máxima capacidad de personas que pueden entrar en el ascensor. Si caben 10, pondrán "*10 persons*". Se usa para especificar un número de personas muy concreto.

Por cierto, un error muy común es conjugar **people** en singular ya que nuestro cerebro nos juega la mala pasada de traducirlo como "gente", que es un nombre singular.

people **are** → correcto
people **is** → incorrecto

Por otra parte, **peoples** también es correcto pero muy poco usado porque su dominio es muy pequeño y acotado. Sólo se usa para referirse a los diferentes pueblos de una región. Por ejemplo: *the indigenous peoples of the Americas have rich and diverse cultures* (los pueblos indígenas de las Américas tienen culturas ricas y diversas).

ADJETIVOS COMPUESTOS

¿Estás hablando sobre algo, pero no te sale el adjetivo que tienes en la punta de la lengua? ¡No te preocupes, invéntatelo...!

Resulta que en inglés puedes unir palabras (no necesariamente adjetivos) con guiones para así formar nuevos adjetivos.

Recuerda dos cosas: 1) un adjetivo es una palabra que modifica o describe a un nombre o sustantivo; 2) en inglés, los adjetivos van delante de los nombres, al contrario que en español.

Cada una de las palabras que unamos con guiones nos dará información sobre ese nombre al que acompañan. Estos son los adjetivos compuestos.

Por ejemplo, si asististe a un concierto de Leticia Sabater y le estás contando a tu amigo los detalles sobre la actuación, le podrías decir que esa actuación fue *a **you-have-to-see-it-to-believe-it** performance*. Es decir, una actuación que tienes que ver para poder creer.

Sin los guiones, estas frases serían confusas y más difíciles de leer. Los guiones nos avisan de que todo forma parte de una unidad para describir al nombre.

Puedes crear los que tú quieras, y seguro que has visto alguno de los siguientes con anterioridad:

- *This is my **brand-new** car* (este es mi coche <u>nuevo a estrenar</u>)

- *She gave me a **once-in-a-lifetime** opportunity* (ella me dio una oportunidad <u>única en la vida</u>)

- *That's a **300-meter** building* (ese es un edificio de <u>300 metros</u>)

- *This company develops **state-of-the-art** products* (esta empresa desarrolla productos de <u>última tecnología</u>)

- *Oppenheimer is a **3-hour-long** movie* (La película de Oppenheimer dura 3 horas)

111

NO TRADUZCAS

No podemos evitarlo. Tendemos a traducir literalmente al español para intentar validar el sentido de las palabras y frases.

Mis padres, a sus 60 y pico años, están aprendiendo inglés y a veces se quejan de que algo suena raro cuando lo traducen. ¡Clir clin clin clin! Error. No traduzcas. Acéptalo y no pierdas tiempo traduciendo para encontrarle el sentido, sobre todo si no lo tiene inmediatamente.

La verdad es que no les culpo porque yo también lo sigo haciendo de vez en cuando. ¿Cómo es posible que una banda llamada "Los Pimientos Chile Super Picantes[13]" se convirtiera en una de las bandas de rock más exitosas de la historia?

¿Pero acaso las expresiones españolas "estar en el quinto pino", "tener mala leche", "dar la lata" o "quedarse frito" tendrían sentido si los tradujéramos al inglés?

Traducir literal y constantemente todo a nuestro idioma nos llevará a callejones sin salida o, como diría un americano, a un agujero de conejo (*rabbit hole[14]*).

¿Por qué la berenjena (*eggplant*) se llama "planta de huevo" en inglés americano? ¿Por qué se llama mantequilla de cacahuete (*peanut butter*) si no lleva mantequilla? ¿Por qué el centro de la

---

[13] Los Red Hot Chili Peppers tomaron su nombre del quinteto de jazz del que Louis Armstrong (autor de *What a Wonderful World*) formaba parte en 1920.

[14] *Rabbit hole* se usa como sinónimo de pérdida de tiempo o callejón sin salida. Tiene su origen en la novela escrita por Lewis Caroll en 1865 *Alicia en el País de las Maravillas*.

ciudad se llama *"downtown" y no "center"*? ¿Por qué las patatas fritas se llaman *"French fries"* en Estados Unidos, pero *"chips"* en el Reino Unido, si son literalmente patatas fritas?

Suficiente... Busquemos consuelo en que las palabras para designar un concepto no se eligen por casualidad. Siempre hay una etimología, pero muchas veces la desconocemos. No olvides que el inglés es el producto de mezclar las culturas dominantes de los últimos 1600 años. Si tiramos suficiente del hilo, le encontraríamos sentido a todo.

Por ejemplo, en el caso de la palabra *"downtown"*, las ciudades se solían fundar cerca de los ríos y, desde ahí, se iban expandiendo hacia partes más altas. La zona principal de la ciudad, que incluía los comercios, edificios importantes y el bullicio en general, permanecía en la parte baja cercana al río. Por eso se empezó a llamar *"downtown"* a lo que nosotros conocemos como "centro".

Para confirmar la regla, Charlotte, la ciudad en la que vivo, es la única ciudad grande de EE.UU. donde pasa justamente lo contrario: el centro se llama *"uptown"* porque la ciudad empezó en lo alto de una colina. Sólo por fastidiar. FAK.

Así que no traduzcas literalmente o, al menos si lo haces, acepta rápidamente que puede que no tenga sentido en español. *Deal with it!*

Notas sobre el capítulo

....
....
....
....
....
....
....
....
....
....
....
....
....
....
....
....
....
....
....
....
....
....
....

4

Aprendiendo a Ligar Palabras

LEMME SHOW YOU

Para sonar parecido a un hablante nativo, hay que ligar las palabras igual que hacemos en español. Hay que soltarse y hay que imitar lo que hacen ellos. A medida que te empiezan a entender sin poner caras raras, se vuelve adictivo y no puedes parar de hacerlo bien porque, ¡funciona, me entienden!

Como si del Mengele de los idiomas se tratara, he hecho una prueba con mi hijo de cuatro años. Los niños son fascinantes y da bastante rabia que a su edad ya puedan hablar tan bien sin el esfuerzo que nos ha costado a los demás.

Le he pedido que se quite la camiseta (***take it off***), pero lo he pronunciado de la forma que me enseñaron en el colegio.

Me ha mirado raro y su respuesta ha sido (en español) "¿quééé?" Después, lo he pronunciado mejor y me ha entendido. Escucha las diferencias aquí:

Vamos con algunos ejemplos más usando los códigos QR. Primero, escucharás la versión leída y, después, escucharás cómo se dice en una conversación. **Repítelos muchas veces en voz alta para practicar.**

GOING TO

Ejemplo: *I am going to go watch a movie*. En lugar de *"going to,"* di algo que suene más a *"**gonna**"*:

DID YOU

Ejemplo: *did you see that?* En lugar de *"did you..."* di algo que suene más a *"**d'you**"*. Es difícil porque casi ni suena, pero lo dicen:

WANT TO

Ejemplo: *I want to go to London*. En lugar de *"want to,"* di algo que suene más a *"**wanna**"*. Si lo escribes, siempre usa *"want to"*:

HAVE GOT TO

Ejemplo: *I have got to go.* Esta es la forma gramaticalmente correcta que debes escribir. Sin embargo, al hablar, sobre todo en inglés americano, ha evolucionado hasta llegar a **"I gotta go"**:

1. I have got to go
2. I've got to go
3. I've gotta go
4. I gotta go

LET ME

Ejemplo: *Let me see.* En lugar de *"let me,"* di algo que suene más a **"lemme"**:

GIVE ME

Parecido al anterior. Ejemplo: *Give me that.* En lugar de *"give me,"* di algo que suene más a **"gimme"**:

COULD HAVE, SHOULD HAVE, WOULD HAVE

Estos tres se pronuncian de la misma forma.

- En lugar de **"could have"**, di algo que suene más a **"couldaf"**.
- En lugar de **"should have"**, di algo que suene más a **"shouldaf"**.
- En lugar de **"would have"**, di algo que suene más a **"wouldaf"**.

OUT OF, KIND OF, SORT OF

Estas tres combinaciones se pronuncian rápido en las oraciones y añaden una "a" al final. Practícalos muchas veces, sobre todo para aprender cómo pronunciar bien la "t" y la "a" en *outta* y *sorta*.

- **Out of = Outta**
- **Kind of = Kinda**
- **Sort of = Sorta**

TELL THEM

Ejemplo: *tell them to come back home*. Este tipo de combinación se suele contraer y pronunciar como *tell'em*:

Y no sólo con este ejemplo específico, sino con cualquier verbo que vaya con *them*. Por ejemplo, give'em, call'em, etc.

¿CÓMO PRACTICAR TU PRONUNCIACIÓN?

Para mejorar no sólo tu inglés hablado sino cualquier otra habilidad, el truco siempre es el mismo: practicar, practicar y practicar.

Los idiomas no son una cosa puntual como el que hace bien un examen y luego se olvida. Son algo continuo y no hay trampas ni atajos que valgan. ***This isn't a one-time thing***. Hablar bien inglés es una carrera de fondo cuya meta está en el infinito.

Fórmate cuanto puedas, pero cuidado con los cursos milagrosos de *"¡Habla Inglés en 30 Días!"* porque pueden ser una fuente de frustración. La realidad es que, a menos que lo hayas aprendido desde pequeño, hablar bien un idioma requiere años de práctica.

Lo importante es la constancia. No hay que obsesionarse ni tener prisa. Con practicar unos minutos cada día es suficiente para ir mejorando.

INTELIGENCIA ARTIFICIAL

Hoy en día, una de las mejores y más interactivas formas de practicar son las aplicaciones de inteligencia artificial tipo ChatGPT, Claude o Llama. Úsalas simplemente para tener conversaciones con ellas. Hasta ahora, nunca se había podido escribir y obtener *feedback* instantáneamente.

Practicar con estas IAs es una forma muy rápida para mejorar y pulir los errores que solemos cometer al expresarnos por escrito, por lo que te animo a probar este método porque va a acelerar tu aprendizaje.

Los mensajes que usamos para dar instrucciones a las IAs se llaman **prompts**. Te recomiendo usar el siguiente *prompt* al inicio de la conversación. Estas instrucciones van a hacer que la IA mantenga una conversación contigo desde un punto de vista educativo como si te estuvieras comunicando con un profesor. Te corregirá a medida que escribas, te dará consejos, te hablará inglés según el nivel que ella detecte que tienes, e irá subiendo la dificultad. Por si fuera poco, puedes practicar con cualquier tema: viajes, comida, trabajo, música, experiencias, tecnología, etc.

Prompt:

"I'd like to have a conversation to help improve my English. Please follow these guidelines:

1. *If I make any grammatical errors, use incorrect vocabulary, or express something unclearly, kindly point it out and explain the correct usage.*

2. *Suggest alternative phrasings or more natural ways to express my ideas when appropriate.*

3. *If I use very simple language, please introduce more advanced vocabulary or idioms that could elevate my expression, and explain their meanings.*

4. *Occasionally ask me questions to encourage me to expand on my thoughts or to use specific grammatical structures.*

5. *At the end of our conversation, summarize 2-3 key areas for improvement and provide brief tips for each.*

6. *Throughout our chat, maintain a natural conversation flow. Provide feedback seamlessly without interrupting the discussion too much.*

7. *If I struggle with a particular topic, feel free to gently guide the conversation to a related but easier subject.*

8. *Please adjust your language complexity to match my apparent skill level, gradually increasing difficulty as we progress.*

Para no tener que transcribirlo manualmente, escanea este QR para copiar el texto y guardarlo.

A este *prompt* puedes añadirle las variaciones que desees y, si en algún momento lo necesitas, puedes pedir que te traduzca la respuesta a español.

LOS CERTIFICADOS DE IDIOMAS

Son útiles porque aprenderás mucho mientras estudias para los exámenes. Además, son requisito indispensable para entrar en algunas universidades o acceder a algunos trabajos públicos. Si te lo estás planteando, mi recomendación es que los obtengas porque tenerlos siempre ayudará más que lo contrario.

Dicho eso, la vida real y los exámenes de Cambridge son diferentes. Prepararnos para los certificados nos entrena para aprobar los exámenes. No pienses que sólo por tener un título ya se te van a abrir todas las puertas profesionales del mundo.

La mayoría queremos hablar bien inglés para poder encontrar un mejor trabajo, y la realidad es que a tu empleador sólo le va a interesar si puedes o no comunicarte de forma efectiva, no si tienes muchos títulos.

Con esto pasa un poco como con los empleos del sector tecnológico, y es que en Estados Unidos prácticamente ya ni preguntan si has ido a la universidad. Estoy exagerando un poco para que me entiendas (*to make my point across*), pero es verdad que existe una tendencia donde sólo les interesa que puedas demostrar si tienes la *skill* específica que están buscando.

A los certificados les guardo un poco de rencor desde que iba a la universidad. La razón es mi experiencia tomando el examen de nivel C1 junto con otros dos amigos. Lo tres lo tomamos el mismo día, en el mismo lugar y a la misma hora. El resultado fue que, en el global, los tres suspendimos con exactamente la misma puntuación de un punto por debajo del aprobado.

No quiero ser malpensado, pero... *if it looks like a duck, walks like a duck, and quacks like a duck, then it probably is a duck.*

LEYENDO EN VOZ ALTA

Uno de los beneficios indirectos de haber tenido hijos es que he leído muchísimos libros para niños en voz alta. A pesar de que yo sólo les hable en español, a veces me traen libros en inglés porque quieren leerlo por trigésima quinta vez.

Al escuchar los libros tantas veces, se los aprenden de memoria. Es entonces cuando juego a pronunciar mal alguna palabra y ellos instantáneamente me corrigen. Es una prueba rápida para ver si la gente me entendería o no.

Con el tiempo me di cuenta de que leer cosas muy sencillas de forma repetida y en voz alta me ayudó a mejorar la cadencia, el ritmo y, en general, a pronunciar mejor.

Leer libros "de adultos" también es beneficioso y te ayudará a mejorar otros aspectos como la comprensión lectora, el vocabulario, o tu propia escritura. Para hablar bien, hay que practicar mucho en voz alta y leer es la forma más fácil.

HABLA EN ALTO CONTIGO MISMO (*SELF TALK*)

Una forma de asentar lo que vamos aprendiendo es ~~hablar solo~~ evocar. No hay nada de patológico en ello y seguro que lo has hecho muchas veces, aunque quizá no durante periodos largos de 10 minutos o más. No deja de ser diferente de entrenar antes de un partido; practicar unos acordes antes de un concierto; o repasar el temario antes de un examen.

Sea inglés, francés o chino, recuerda que esto se trata de aprender[15] y, para lograrlo tienes que ser intencional y seguir las estrategias cognitivas que funcionen para ti. Entre ellas: repetición, reflexión, o evocación. Con el tiempo, podrás ir ajustando lo que te funciona y lo que no.

Imagínate una situación que sea familiar para ti y represéntala en voz alta: ir a un restaurante, solucionar un tema del trabajo, viajar a un país y preguntar a los locales cómo llegar a un sitio, etc. Si usas situaciones familiares, no tendrás que tirar demasiado de imaginación.

La ventaja de esto es que puedes repetir cuantas veces quieras una misma frase, cambiar el tono, decirla más rápido o más despacio. También te darás cuenta de dónde fallas más o qué palabras o expresiones te cuesta más encontrar en tu vocabulario.

Es lo mismo que practicar una presentación o discurso en voz alta antes de darlo. Piensa en los actores y actrices, quienes entrenan en voz alta hasta clavar los personajes.

---

[15] Si te interesa el tema del aprendizaje, te recomiendo el libro "Aprendiendo a aprender", de Héctor Ruiz Martín.

Unos que no son del todo actores pero que también practican en voz alta son los ejecutivos de grandes empresas. Éstos se juegan mucho en cada intervención pública y por ello dedican muchísimo tiempo a practicar sus presentaciones, repitiéndolas en voz alta hasta que consiguen comunicar el mensaje de la forma adecuada a su audiencia.

Si ellos practican para que suene natural, salga fluido y convenza, nosotros también podemos simular una conversación por teléfono con alguien.

INTERCAMBIOS DE IDIOMAS

A diferencia de otras habilidades que puedes adquirir, los idiomas pueden ser muy baratos de aprender.

Si vives en una ciudad grande o cerca de una, seguro que habrá hablantes nativos de inglés ávidos por quedar contigo en persona para hacer intercambios.

Os reunís durante un par de horas. Durante la primera, habláis en un idioma; y durante la segunda, en el otro. Es un *win-win* de libro. Además, para los que sean mayores de edad, me ha dicho un amigo que, si quedáis en un bar, la fluidez mejorará exponencialmente.

Los intercambios también pueden ser online si no encuentras nadie en tu ciudad. Esta es la mejor opción si quieres practicar con alguien de un país y acento determinados.

127

Los acentos en inglés más comunes son: americano, británico, australiano, e irlandés.

Igual que en español, dentro de cada uno hay variaciones regionales: el acento de Nueva York[16] es diferente al de Carolina del Norte; y el de Londres es diferente al de Liverpool.

Vamos a usar el siguiente pangrama[17] para ver las variaciones entre estos acentos:

"The quick brown fox jumps over the lazy dog."

La musicalidad de cada acento en ese audio:

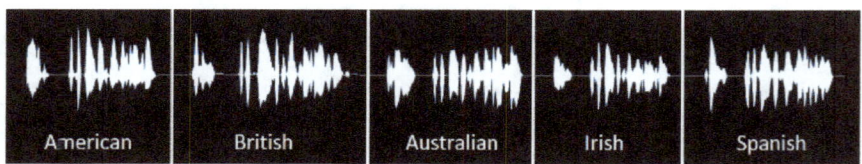

Si no consigues intercambios y tienes que practicar de forma individual, el material audiovisual con el que puedes practicar de forma gratuita en internet es infinito. Y si no, escríbeme un DM.

---

[16] Aunque el término "yankee" se usa en el exterior para referirse a cualquier estadounidense, dentro de EE. UU. se usa sólo para referirse a los habitantes de la región de Nueva Inglaterra, el noreste del país (de Nueva York para arriba).

[17] Un pangrama o frase holoalfabética es un texto que usa todas las letras posibles del alfabeto de un idioma, desde la A hasta la Z.

CANCIONES, SERIES y PELÍCULAS

La música también te puede ayudar. Seguro que hay algún cantante o grupo que te gusta y que canta en inglés. Ponte sus canciones y cántalas leyendo la letra. Como si estuvieras en un karaoke de Osaka, pero sobrio. Imítales y fíjate en cómo pronuncian y en dónde ponen los acentos de cada palabra.

Es cierto que las canciones no son el mejor ejemplo de una gramática perfecta, pero son una buena solución para descubrir cómo se pronuncian ciertas palabras y cómo ligar unas con otras.

También con canciones puedes practicar el oído. Pon canciones de las que no te sepas la letra y que no sean demasiado rápidas o tengan demasiados instrumentos. Mientras suena la canción, intenta escribir lo que vas escuchando. Ed Sheeran es una buena opción porque sólo hay una guitarra y tiene tanto canciones lentas como rápidas.

Hacer esto es un poco pesado porque hay que parar constantemente y habrá muchos momentos en que, aunque la repitas cien veces, no sabrás qué dice la canción. Es completamente normal.

Lo bueno es que, después de <u>intentar bastantes veces</u>, no importa si haces trampa y miras la letra porque después de ese momento ya no se te va a olvidar, y la próxima vez que escuches esa palabra lo vas a identificar.

También te aconsejo ver películas y series de televisión. Hay algunas series como *Modern Family* que son realmente buenas para mejorar tu oído y vocabulario.

Ante el eterno debate de subtítulos SÍ o NO, mi opinión es subtítulos SÍ. Si quieres probarte a ti mismo después de un tiempo, quítalos y comprueba cuánto entiendes sin leer.

Como con las conversaciones que tengas, al principio entenderás la mitad o menos, más adelante llegarás al 75% y así progresivamente hasta que entiendas aproximadamente el 100%.

Recuerda que muchas veces lo importante no es entender absolutamente cada palabra que tu interlocutor diga, sino el mensaje que te envía. Eso es lo que habilita la comunicación.

Somos muchos los que alguna vez hemos fingido una risa al detectar que lo que nos contaban era un chiste, aunque no entendiéramos ni una palabra... :)

YENDO FUERA

Es la forma más efectiva de mejorar, pero es duro. Irse fuera es <u>más fácil decirlo que hacerlo</u> (***easier said than done***), sobre todo si no tienes medios económicos para sostenerte durante un tiempo.

Lo que hace que esto sea lo más efectivo es que cuando no te queda más remedio que hablar un idioma para poder trabajar y ganar dinero con el que pagar el alquiler y la comida, lo haces.

Ahí es cuando el instinto de supervivencia <u>entra en juego</u> (***kicks in***) y te da super poderes para mejorar rápidamente. Simple y llanamente porque no tienes otra opción.

En mi caso, a Irlanda fui con contrato de trabajo. Aunque lo económico lo tenía cubierto, cobraba sólo un poco por encima del sueldo mínimo, así que no daba para muchas florituras.

Durante semanas no entendí nada en el trabajo, ni podía hacer amigos locales. Siempre he disfrutado poder estar solo de vez en cuando, pero elegir estarlo temporalmente es muy diferente a vivir en soledad. Lo primero es un lujo; lo segundo, deprimente. Por si fuera poco (**on top of that**), ¡en Galway nunca hacía sol y llovía cada día! Pero lo tomas o lo dejas.

En estas situaciones, que para muchos forman parte de la aventura que es aprender nuevos idiomas, mi experiencia es que la gente local es comprensiva y te ayuda bastante si demuestras interés. El mundo está lleno de buenas personas que ayudan a los demás y lo he comprobado en primera persona tanto en Irlanda como en Estados Unidos.

Gente que no me conocía de nada me ayudó en varios momentos clave de mi vida. Hoy en día, intento devolver parte de aquello ayudando a otros que están en la misma situación en la que yo estuve hace años, lo cual es una de las razones principales para escribir este libro.

Notas sobre el capítulo

....
....
....
....
....
....
....
....
....
....
....
....
....
....
....
....
....
....
....
....
....
....
....
....
....

5

Preposiciones

Este es el Talón de Aquiles de muchos aspirantes a hablar bien inglés. Por si no lo sabías ya y, en caso de que aún no te haya quedado claro, este idioma es complejo, y las preposiciones no van a ser una excepción.

Para refrescar un poco la memoria, una preposición es una palabra invariable que sirve para introducir otras en la oración. Es un conector que ayuda a que toda la frase tenga sentido y suene bien.

Es normal que muchas veces no sepas si tienes que usar IN, ON, o AT, pero a medida que vayas practicando, las frases te empezarán a sonar bien o mal. Es aburrido y difícil, pero poco a poco irá saliendo de forma natural y, lo que es más importante, de forma correcta.

IN, ON, AT

Vamos a ocuparnos de (*tackle*) los ejemplos más comunes:

1. Usa "IN" (en) para:

- **Espacios cerrados:**
  - *I'm **in** the kitchen* (estoy en la cocina).
  - *The keys are **in** the drawer* (las llaves están en el cajón).

- **Lugares grandes, países, ciudades:**
  - *She lives **in** a house in Spain* (vive en una casa en España).
  - *I'm **in** Madrid* (estoy en Madrid).

- **Periodos de tiempo:**
  - *He was born in 1995* (nació en 1995).
  - *I'll finish the project in three days* (terminaré el proyecto en tres días).

- **Meses, años, estaciones:**
  - *In August; in 2025; in summer (en agosto; en 2025; en verano).*

- **Si viajas en un medio de transporte que no tiene pasillo, usa *in*:**
  - *They are riding with me in my car* (van conmigo en mi coche).

2. Usa "ON" (en, sobre) para:

- **Superficies** (como "sobre", "en", o "encima de"):
  - *The book is on the table* (el libro está encima de la mesa)
  - *There's a stain on your shirt* (hay una mancha en tu camisa)

- **Días y fechas específicas:**
  - *We'll meet on Monday* (nos reuniremos el lunes)
  - *The event is on January 5th* (el evento es el 5 de enero)

- **Calles y avenidas**
  - *I live on Main Street* (vivo en la Calle Mayor).

- **Si viajas en un medio de transporte que <u>sí</u> tiene pasillo, usa *on:*
  - c *The passengers are already **on** the plane* (los pasajeros ya están en el avión).

3. Usa "AT" (en, a) para:

- **Localizaciones específicas:**
  - c *I'll meet you **at** home/work/the restaurant* (Nos encontraremos en casa/el trabajo/el restaurante).
  - c *She's waiting **at** the bus stop* (está esperando en la parada del autobús).

- **Horas específicas:**
  - c *The meeting is **at** 3 p.m.* (la reunion es a las 3pm).
  - c *I woke up **at** 7 a.m.* (me desperté a las 7am).

- **Eventos:**
  - c *They are **at** the concert* (están en el concierto).

Si alguien te pregunta dónde estás y tú estás en casa, puedes decir *I'm **at** home,* aunque estés en el jardín de tu casa. Si quieres especificar que estás dentro de la casa físicamente y no fuera en el jardín regando las plantas, dirías *I'm **in** the house*.

Por último, si dudas entre "in" y "on", la estadística dice que, de entre las dos, "in" es mucho más común, así que... eso te podría salvar.

¿CUÁNDO SE USA INTO/ONTO?

Se usa cuando la acción implica movimiento. La forma fácil de recordar esto es que, si el movimiento es hacia dentro de algo, usamos "*into*"; si el movimiento es sobre la superficie de algo, usamos "*onto*". ¿Te van a entender si en lugar de decir *into* dices *in*, o si en vez de decir *onto* dices *on*? Sí, pero *into* y *onto* darán un mayor énfasis a lo que estás diciendo, no obstante.

4. Usa "INTO" para:

- **Indicar movimiento de fuera hacia adentro:**
  o *She walked **into** the house* (entró en la casa).

- **Indicar transformación con el phrasal verb "*turn into*":**
  o *The caterpillar turned **into** a beautiful butterfly* (la oruga se transformó en una preciosa mariposa).

5. Usa "ONTO" para:

- **Movimiento sobre una superficie:**
  o *The cat climbed **onto** the car* (el gato se subió encima del coche).

TO, FOR, BY, FROM, WITH

En español hay 23 preposiciones y, no sé a ti, pero a mí me hicieron aprenderlas de memoria y por algún extraño motivo aún las recuerdo (*a, ante, bajo, cabe, con, contra...*) En inglés también hay más preposiciones:

6. Usa "TO" para:

- **Direcciones:**
  - *Go **to** the store to get flour* (ve a la tienda a comprar harina).

- **Indicar receptor de algo:**
  - *Give it **to** me* (dámelo)
  - *I sent an email **to** Laura* (le mandé un email a Laura).

- **Mostrar intención:**
  - *He went to medical school **to** become a neurosurgeon* (fue a la facultad de Medicina para convertirse en neurocirujano).

7. Usa "FOR" para:

- **Indicar el beneficiario de algo:**
  - *I bought this **for** my son* (compré esto para mi hijo)

- **Indicar duración en el tiempo:**
  - *I lived in London **for** five years* (viví en Londres durante cinco años).

- **Indicar el propósito de algo:**
  - *This telescope is **for** looking at the stars* (este telescopio es parar mirar a las estrellas). Se usa el gerundio del verbo *look*, porque la acción de mirar a las estrellas con un telescopio es algo que puedes hacer repetidamente. No es algo puntual que sólo puedes hacer una vez. *To look at the stars* no es técnicamente incorrecto, pero sonaría un poco raro cuando el propósito específico del telescopio es mirar a las estrellas cuando uno quiera.

- **Para indicar lo que se pagó en un intercambio:**
  - *I bought this sandwich **for** $9* (compré este sandwich por 9 dólares).

8. Usa "BY" para:

- **Indicar método de transporte:**
  - *They're travelling **by** bus* (van viajando en autobús).

- **Pegado a... localización:**
  - *The house is **by** the river* (la casa está pegada al río).

- **Indicar sujeto paciente en pasiva:**
  - *The book was written **by** him* (el libro fue escrito por él).

- **Indicar fecha límite:**
  - *Let's finish the project **by** Monday* (terminemos el proyecto antes de que termine el lunes). "By Monday" significa que puedes terminar el propio lunes, pero antes de que termine el día. No significa "antes del lunes" sino "antes de que termine el lunes").

9. Usa "FROM" para:

- **Indicar origen:**
  - *She's **from** Mexico* (ella es de México).

- **Indicar punto de partida y llegada:**
  - *We'll walk **from** the station to the hotel* (Andaremos desde la estación hasta el hotel).

- **Indicar la razón o causa de algo:**
  - *She was tired **from** working all day* (estaba cansada por trabajar todo el día).

10. Usa "WITH" para:

- **Indicar acompañamiento:**
  - *I attended the meeting **with** my manager* (asistí a la reunion con mi jefe).

- **Indicar herramienta que usaste:**
  - *I ate my salad **with** a fork* (me comí la ensalada con un tenedor).

- **Indicar modo de hacer algo:**
  - *He looked at me **with** a smile on his face* (me miró con una sonrisa en la cara).

Notas sobre el capítulo

....

....

....

....

....

....

....

....

....

....

....

....

....

....

....

....

....

....

....

....

....

6

Acrónimos y Contracciones

Si hay una cosa que les encanta a los angloparlantes es usar acrónimos. Los puedes encontrar frecuentemente en cualquier lugar: escuela, trabajo, supermercado, etc. ¡Es bastante útil conocerlos!

Lo primero es lo primero (*first things first*). Por si hubiera alguien de la RAE leyendo esto, técnicamente la mayoría de los acrónimos que vamos a ver no entrarían dentro de la categoría de acrónimos en español, sino en la de siglas. Sin embargo, los angloparlantes llaman *acronyms* a todo, así que vamos a *stick to it* (ir con eso / pegarnos a eso).

Si, por lo que sea, te apetece quedar como un pedante (*pedant*) delante de un americano, dile que lo que ellos llaman *acronyms* no son acrónimos, sino *initialisms.* Yo se lo acabo de decir a mi mujer y dice que nunca ha escuchado esa palabra.

ACRÓNIMOS COMUNES DEL DÍA A DÍA

- **BTW**: *By the way*. Significa "por cierto". *By the way, I forgot to tell you about Jack, he bought a Porsche.*

- **ETA**: Tranquilos, no es apología de nada. Significa ***Estimated Time of Arrival*** o "tiempo estimado de llegada". Si quieres preguntarle a alguien cuándo va a llegar, podrías decir: ***what's your ETA?***

- **BOGO**: *Buy One, Get One*. Esto lo verás en las tiendas cuando haya ofertas y significa "compra uno y llévate otro". El tradicional 2x1.

- **NP**: *No problem*. Para decir "de nada" o "no pasa nada".

- **NVM***: Never mind*. Significa "olvídalo", "ya no importa", o "ignora lo que he dicho". Si te he preguntado una cosa para la cual ya no necesito una respuesta, te puedo decir esto para indicar que ya no importa y que no hace falta que me contestes. Por ejemplo, si te pregunto dónde están las llaves del coche, pero en ese momento lo recuerdo, te podría decir: *ah, never mind, I just recalled where I left them*. Aprovecho este ejemplo para enseñarte que, cuando ellos dicen /ohh!/ para indicar que se han dado cuenta de algo, se escribe "ahh".

  Esto, más que un acrónimo, es una abreviatura, como cuando teníamos que ahorrar caracteres al escribir SMS.

- **DIY**: *Do it yourself*. Significa "hazlo tú mismo". Por ejemplo, si miras un tutorial en el que te enseñan cómo construirte tú mismo un invernadero para tu jardín, es muy probable que el título del vídeo sea "*DIY greenhouse*".

- **OMW**: *On my way*. Significa "en camino" y lo puedes usar para comunicarle a alguien que ya estás de camino a algún sitio. Aprovechemos para hablar de la diferencia entre 3 cosas parecidas:

o **On the way.** Estar de camino

o **In the way.** Algo está obstruyendo el camino. *I can't go through, there's a fallen tree in the way.*

o **In a way.** De una forma determinada. *He talked to his boss in a very inappropriate way.*

- **TBH**: *To be honest.* Significa "para ser honesto..." y sirve para introducir tu opinión sobre algo. Por ejemplo: *to be honest, I do not believe yours is a good idea.* Otros acrónimos parecidos son **IMO** (*in my opinion*) o una variación de éste: **IMHO** (*in my honest opinion),* para introducir tu opinión con más énfasis.

- **AFAIK**: *As far as I know* (hasta donde yo sé...). Para indicar conocimiento limitado sobre algún tema o materia.

- **LOL**: *Laughing out loud.* Es un sinónimo de nuestro "jajajaja" (que para ellos suena /yayayaya/) y sirve para escribir que algo nos ha hecho mucha gracia. Algunas variaciones son: **LMAO** (*laughing my ass off*), que es una versión más vulgar y algo más parecida a "partirse el culo de risa"; y **ROFL** (*rolling on the floor laughing*), es decir, dar vueltas por el suelo de la risa. ¿Ves cómo tienen un acrónimo para absolutamente todo?

- **OMG**: *Oh my God!* ¡Oh, Dios mío! Una expresión muy común que prácticamente no hace falta explicar. Sin embargo, es útil para introducir una muy similar que algunas personas usan: *oh my gosh!* Aquí se cambia "God" por "gosh" para no ofender los sentimientos religiosos de nadie. Opciones más cortas son: "*oh God!*" o "*oh gosh!*".

También puede que escuches **"Oh my goodness!"**. Es una expresión similar a OMG, pero sólo usada para momentos que te causan una emoción positiva. Por ejemplo, **pair that red wine with some Manchego and oh my goodness!** (marida ese vino tinto con un poco de Manchego y ¡oh, dios mío!).

Por último, una última variación (¡muy vulgar!) es **OMFG**. Es como OMG, pero añadiendo nuestra querida F-word para una mayor intensidad.

- **FTW**: *For the win*. Es una expresión para indicar emoción o aprobación sobre algo que piensas que es excelente. Por ejemplo, **what kind of cuisine do you feel like doing tonight? – Indian FTW!** (¿qué tipo de comida te apetece para esta noche? –¡Comida india sin duda!). En este ejemplo hay varias cosas interesantes:

  o **Cuisine.** En español se traduce como cocina y se ha tomado prestada del francés, donde también significa cocina. Sin embargo, en inglés se refiere no a la cocina como espacio físico, sino a tipos de gastronomía: cocina india, cocina italiana...

- o *Feel like* + **verbo.** Es la forma de decir "apetecer". *I feel like having a coffee* (me apetece tomar un café).
- o *Doing.* En este contexto, significa comer. El verbo "do", como ya vimos, se puede usar para muchísimas cosas.

- **JK**: *Just kidding.* Se usa para indicar que lo que acabas de decir era una broma, que simplemente estabas bromeando.

  A: *Hey, want to grab dinner tonight?* Hola, ¿quieres ir a cenar esta noche? (omitiendo "do you" en la pregunta).

  B: *Sorry, can't. I have a date with Brad Pitt.* Lo siento, no puedo, tengo una cita con Brad Pitt.

  A: *What?! Since when have you known Brad Pitt??* ¡¿Qué?! ¿Desde cuándo conoces a Brad Pitt?

  B: *JK! I'm actually swamped with work. Rain check[18]?* ¡Es una broma! En realidad, estoy hasta arriba de trabajo. ¿Lo dejamos para otro día?

  A: *Sure! Let's do it another time.* Claro, dejémoslo para otro momento.

- **RSVP**: *Répondez s'il vous plaît* (confirme asistencia por favor). Sí, es francés. Como has podido ir viendo hasta aquí, el inglés tiene muchas palabras prestadas del francés y esto es otro ejemplo más de ello. Para reuniones importantes de trabajo, invitaciones de boda u otros eventos, se suele pedir a los invitados que confirmen

---

[18] *Rain check* se refiere al vale que te dan en un evento deportivo cancelado por la lluvia para que puedas volver otro día.

147

asistencia añadiendo *"please RSVP"* al final de la invitación. Se usa incluso como verbo: *I have not RSVPed yet* (aún no he confirmado asistencia).

- **aka**: *Also known as*. Significa "también conocido como..." y se escribe en minúsculas. Por ejemplo: *Michael Jackson, aka the King of Pop, sold over 500 million records around the world.* (Michael Jackson, también conocido como El Rey del Pop, vendió 500 millones de copias alrededor del mundo).

- **LMK**: **Let me know** (házmelo saber o déjame saber...). Normalmente usado al mandar mensajes de texto. Se suele escribir tanto en mayúsculas como en minúsculas, aunque dado que se relega un poco a los mensajes de texto, yo lo he visto casi siempre todo en minúscula. Por ejemplo: *lmk if you need a hand with moving* (déjame saber si necesitas ayuda con la mudanza).

- **WTF**: *What the fuck* (qué coj*nes, qué c*ño). Igual que en español, se usa para indicar sorpresa, enfado, asombro, exaltación, incredulidad... Por ejemplo, *in Spain, VAT is 21%, WTF?* (el IVA en España es del 21%, ¿qué coj*nes?). Como cada vez que aparece la f-word, yo te aconsejo no usar esta expresión cuando te comuniques verbalmente. ¿Quieres escribirlo en un mensaje de texto a tu amigo? De acuerdo, pero no lo verbalices sobre todo en lugares en los que quieras mantener una buena reputación. Si lo vas a decir en alto, puedes usar una expresión que significa lo mismo pero que no es tan ofensiva: *what the heck.* Otro sinónimo, pero también algo vulgar, es *what the hell.*

- **GOAT**: *Greatest of all time.* Se usa para referirse al mejor de la historia en algo. Por ejemplo, *Fernando Alonso is the GOAT*. Goat además significa cabra, así que si escuchas a un Gen Z decir "Fernando Alonso es la cabra", es por esto.

- **YOLO**: *You only live once.* Lo dicen aquellos que están a punto de tomar un gran riesgo. Si eres aficionado al *snowboarding*, uno de los trucos más difíciles se llama YOLO. ¡Sólo se vive una vez!

ACRÓNIMOS EN EL TRABAJO

- **TL;DR**: *Too long; didn't read* (demasiado largo; no lo leí). Imagina ese email larguísimo que has escrito y que nadie va a leer. Al comienzo del email, puedes poner TL;DR y un par de frases para resumir todo lo de debajo.

- **ASAP**: *As soon as possible* (tan pronto como sea posible). *Even though they didn't give us a deadline, let's finish the project ASAP* (aunque no nos dieron una fecha límite, terminemos el proyecto lo antes posible).

- **ATM**: *At the moment* (de momento/por ahora). **At the moment, our sales are 30% higher year-over-year** (por ahora, nuestras ventas son un 30% más altas que el año anterior). Year-over-year (de un año a otro), Month-over-month (de un mes a otro), Quarter-over-quarter (de un trimestre a otro) y Week-over-week (de una semana a otra), se abrevian como **YoY**, **MoM**, **QoQ** y **WoW**.

- **ETA.** El mismo acrónimo de la sección anterior, se puede usar aquí para preguntarle a alguien cuándo esperan enviarte una información, o cuándo esperan terminar algo. Por ejemplo: *can you give me an ETA on the report?* (¿me puedes dar una estimación sobre cuándo el informe estará listo?).

- **TBD**: *To be determined.* Se usa cuando una decisión está pendiente. Por ejemplo, *the date for the shareholder's annual meeting is still TBD* (la fecha para la reunión anual de accionistas aún está pendiente de ser fijada).

- **EOD**: *End of day.* Para establecer un evento antes de que termine un día determinado. Por ejemplo: *I'll call you by EOD* (te llamaré antes de que termine el día). Hay variaciones dependiendo del marco temporal: EOW (end of week), EOM (end of month), EOQ (end of quarter: trimestre), EOY (end of year).

- **FYI**: *For your information*. Un clásico de los emails de trabajo. Se suele poner al principio y sirve para poner a alguien en conocimiento de algo.

- **OOO**: *Out of office*. Fuera de la oficina. Por ejemplo: *I tried to contact Mark, but he was OOO* (intenté contactar a Mark, pero estaba fuera de la oficina). Puede ser por cualquier razón, aquí lo que importa es que fue imposible contactarle.

- **KPI**: *Key performance indicator*. Este acrónimo también se usa bastante en el mundo laboral. Son métricas clave que ayudan rápidamente a entender qué tal va un negocio o actividad.

- **ROI**: *Return on investment*. Retorno de la inversión. Cualquier empresa que invierta para generar negocio, hablará del ROI.

- **B2B**, **B2C**, **P2P**: *Business to business*; *business to consumer; peer to peer*. El número 2 se pronuncia igual que la preposición "to". B2B son negocios donde una empresa le vende a otra empresa (Microsoft vende licencias de Windows 11 a Mercadona), mientras que B2C son negocios donde una empresa le vende a un consumidor individual (restaurante); P2P son servicios de transferencia de archivos entre los ordenadores personales de varias personas.

- **NSFW**: *Not safe for work* (no apto para el lugar de trabajo). Imagina que te envían un email cuyo encabezado empieza por NSFW y tiene un archivo adjunto... Mejor no lo abras porque el contenido será inapropiado en un ambiente profesional.

- **QQ**: *Quick question* (pregunta rápida). Estás en el trabajo y alguien te envía un mensaje por el chat: *Hey Javier, QQ, what was John's last name?* (hola Javier, pregunta rápida, cuál era el apellido de John?).

- **WFH**: *Working from home* (trabajar desde casa).

- **BAU**: **Business as usual** (sin novedad, todo normal, todo continúa igual). Por ejemplo: *hey, how is work going? – We're pretty busy with the XYZ project. Other than that, it's BAU* (hola, ¿qué tal el trabajo? – Bien, estamos bastante ocupados con el proyecto XYZ pero, quitando eso, todo continúa normal).

- **KISS**: *Keep it simple, stupid* (hazlo simple). Es un principio de diseño industrial originado en la Marina de los EEUU. Se puede aplicar a cualquier trabajo o proyecto.

- **F/U**: *Follow up* (hacer un seguimiento). Por ejemplo, si una persona de tu equipo ha tenido un accidente y está en su casa recuperándose, tú puedes hacer un *follow up* con ella para ver qué tal está y si necesita algo. Cuidado con escribir sólo FU sin la barra "/", pues FU instantáneamente se lee como *fuck you* (que te j*dan), lo cual no es precisamente lo que quieres decirle a alguien que está recuperándose en su casa. Para evitar esto, yo siempre escribo "follow up" sin usar el acrónimo.

- **1H** y **2H**: se refieren a la primera mitad y segunda mitad del año, respectivamente.

- **TY**: *Thank you*

- **MVP**: *Minimum Viable Product.* Es difícil sacarme de la cabeza que esto no signifique el mejor jugador del partido (*Most Valuable Player*), sino la versión temprana de un producto nuevo que ya cuenta con algunas funciones sobre las cuales los primeros clientes pueden empezar a dar *feedback*. Se usa como test para pulir lo que ya se ha lanzado, y para valorar si merece la pena seguir con el desarrollo o no.

- **FAQ**: *Frequently Asked Questions*. Seguro que alguna vez has visto "FAQ" en el menú de alguna una página web. Aquí es donde se recogen las preguntas frecuentes que los usuarios suelen hacer.

CONTRACCIONES ESCRITAS

En inglés, contraer un verbo en conversaciones y escritura informal está a la orden del día. Seguro que conoces los más comunes, pero quizá haya otros que te sorprendan.

Los más frecuentes

- o I'm → I am
- o You're → You are
- o He's → He is

Oye, pero... ¿y la frase **he's done it**? Aquí, la partícula contraída no es "is", sino "has". La pista te la da el verbo principal, que está en participio. El verbo en este caso estaría en *presente perfecto* → acciones pasadas que siguen teniendo un efecto en el presente.

Otros comunes

- o Who's → Who is/has
- o What's → What is/has
- o Isn't → Is not
- o Doesn't → Does not
- o Can't[19] → Cannot
- o We've → We have
- o They'd → They would/had

---

[19] La mayoría de los hablantes no nativos tenemos problemas para saber si alguien nos está diciendo **can't** o **can**. Si la vocal es muy corta, es *can't*; y si es más larga, *can*. Incluso entre ellos tienen dificultades.

Con **"They'd"** pasa lo mismo que con la contracción de "has". En lugar de "would", estarías contrayendo "had" si tu verbo a continuación está en participio. El verbo en este caso estaría en *pasado perfecto* → acciones pasadas que ocurrieron antes de otro evento posterior.

Casos especiales

o **Ain't** → Te lo quiero explicar para que lo conozcas, pero te recomiendo no usarlo porque tiene cierta connotación negativa, está mal visto y en teoría no es correcto gramaticalmente.

Ain't[20] puede significar: **"am not"**, **"is not"**, **"are not"**, **"has not"**, o **"have not"**. Por ejemplo: *if it ain't broke, don't fix it* (si funciona, no lo toques)

o **Let's** → contracción de *let us*. Se usa para hacer sugerencias sobre algo que tú y tu interlocutor/es deberíais hacer. Por ejemplo: *let's watch a movie!* (¡veamos una película!)

o **I'd better** → En este caso, la partícula que se contrae es "had". *I'd better* significa "debería... o será mejor que..." como en la frase tan socorrida de las películas *I'd better go* (debería irme/será mejor que me vaya). A pesar de estar en pasado, se

---

[20] ¿Recuerdas el anuncio del Audi A4 con la canción "Ain't Got No, I Got Life" de Nina Simone? Búscalo para ver cómo usar Ain't.

usa para el presente/futuro. *I'd better* va acompañado de infinitivos, y es más común en inglés hablado que escrito. <u>En inglés escrito, es más frecuente ver "should"</u> o "ought to". Por último, la versión negativa sería *I'd better not*, como en **we'd better not be late for the meeting** (será mejor que no lleguemos tarde a la reunión).

o **O'clock** → esto te lo cuento por pura curiosidad porque la forma no contraída no se usa nunca. De hecho, apostaría a que la mayoría de los hablantes nativos ni siquiera saben qué se está contrayendo aquí. ¡*O'clock* significa **Of the clock**!

En algunos casos, como con el verbo **to be**, hay varias contracciones diferentes para decir lo mismo, lo cual ya no es una sorpresa... Por ejemplo:

o **It isn't** → la forma tradicional que nos enseñan en el colegio.

o **It's not** → mi sensación es que los hablantes nativos, al menos en EEUU, usan esta forma más a menudo. Lo importante es que sepas que también se puede decir así. El significado es el mismo, pero quizás a través de tu entonación puedas darle mayor énfasis negativo a esta forma al contar con la palabra "not".

Notas sobre el capítulo

....
....
....
....
....
....
....
....
....
....
....
....
....
....
....
....
....
....
....
....
....
....
....

7

Expresiones

"ESO SE DICE IGUAL EN ESPAÑOL"

Hay momentos en los que simplemente necesitas decir la frase hecha "matar dos pájaros de un tiro" para reflejar con total precisión aquello que quieres comunicar. Pero ¿cómo se dice en inglés?

A veces, en mitad de una conversación, tendremos problemas para expresarnos porque no nos vendrá a la cabeza la manera perfecta de decir algo.

Afortunadamente, hay muchas frases hechas que en inglés son una traducción literal o casi literal del español, y eso nos va a ayudar para recordar algunas de ellas. También nos ayudará a entenderlas rápidamente la primera vez que las escuchemos.

¡Ah! ¿Y qué otro beneficio tiene esto? Que vas a sorprender a los hablantes nativos con tu nivel de inglés cuando uses expresiones como **double-edged sword** porque ellos no sabrán que se dice igual en español (espada de doble filo).

En incontables ocasiones, le he respondido a mi mujer "¡anda, eso es igual en español!" A continuación, te dejo bastantes ejemplos, pero hay muchos más.

- Reinventar la rueda – **Reinvent the wheel**
- Matar dos pájaros de un tiro – **Kill two birds with one stone**
- Mejor tarde que nunca – **Better late than never**
- Mejor prevenir que curar – **Better safe than sorry**

- Todos los caminos llevan a Roma – **All roads lead to Rome**
- Break the ice – **Romper el hielo**
- Paso a paso – **Step by step**
- Más o menos – **More or less**
- Ojo por ojo, diente por diente – **An eye for an eye, a tooth for a tooth.**
- La práctica hace al maestro – **Practice makes perfect**
- Morder la mano que te da de comer – **To bite the hand that feeds you**
- Estar en el mismo barco – **To be in the same boat**
- Echar leña al fuego – **To add fuel to the fire**
- Poner todos los huevos en la misma cesta – **To put all your eggs in one basket**
- Partirse (de risa) – **To crack up**
- Ser la oveja negra – **To be the black sheep**
- Se me hace la boca agua – **It's mouth-watering**
- Una aguja en un pajar – **A needle in a haystack**
- A la tercera va la vencida – **Third time's a charm**
- Cajón de sastre – **Catch-all**
- Estar en Babia – **To be in La La Land** (como la película)
- Entre la espada y la pared – **Between the sword and the wall**
- Hacer la carretilla – **Wheelbarrow walking**
- El beneficio de la duda – **The benefit of the doubt**
- Dar en el clavo – **Hit the nail on the head**
- Mi talón de Aquiles (vulnerabilidad) – **My Achilles' heel**
- Morder el polvo – **To bite the dust**

- Cortar lazos con alguien – *To cut ties with someone*
- Como un reloj (regularidad) – *Like clockwork*
- Construir castillos en el aire – *To build castles in the air*
- Lavarse las manos (quitarse culpa) – *To wash one's hands of something*
- Llevar las riendas – *To take the reins*
- Más vale pájaro en mano que ciento volando – *A bird in the hand is worth two in the bush*
- Aprendiz de todo, maestro de nada – *Jack of all trades, master of none*. Ser un "*jack of all trades*" significa ser un manitas (saber hacer de todo).
- Por enésima vez – *For the zillionth time*
- Da la mano y tomarán el brazo entero – *Give an inch and they'll take a mile* (da una pulgada y tomarán una milla).
- Recoger el guante – *Take up the gauntlet*
- Tener un as bajo la manga – *To have an ace up your sleeve*
- Esto me suena a chino – *It's all Greek to me*
- El que se gana el pan – *The breadwinner*
- Música para mis oídos – *Music to my ears*
- Ponerle un lazo (como último paso para terminar algo) – *Put a bow on something*
- Tener memoria de elefante – *Have a memory like an elephant*

FUN vs FUNNY

Tendemos a confundir estas palabras y a veces a usarlas como si tuvieran el mismo significado, ¡pero son diferentes! En pocas palabras, **fun** significa divertido o diversión, y **funny** significa algo gracioso que te hace reír.

- **Fun**

  - **Diversión** → *we had a lot of <u>fun</u> at the party* (nos lo pasamos muy bien en la fiesta). Literalmente, sería "tuvimos mucha diversión en la fiesta", pero esto no suena natural en español. Lleva incluido un componente de disfrute, de constituir una experiencia.
  - **Divertido** → *that was a <u>fun</u> game!* (¡fue un juego muy divertido!)

- **Funny**

  Se usa para denominar a algo o a alguien que ha hecho que te partas de risa. El componente de reírse está implícito al decir *funny*. Con una excepción: *funny* también significa que algo es raro, extraño, o curioso.
  - **Gracioso** → *the comedian was so funny!* (¡el cómico era muy gracioso!)
  - **Raro/curioso** → *it's funny that, despite inflation, some luxury goods are still in higher demand than ever* (es curioso que, a pesar de la inflación, algunos bienes de lujo tienen más demanda que nunca).

162

¿NO?

¿Sabes esas ocasiones en las que Rafa Nadal era entrevistado al final de un partido y terminaba todas las frases con "no"?

PREGUNTA: *"Rafa, enhorabuena por ganar tu trigésimo quinto Roland Garros. ¿Cómo te sientes?"*

RAFA NADAL: *"Bueno, qué puedo decir, **¿no?** Estoy muy contento, **¿no?** Ganar el Roland Garros número 35 es increíble, aunque debo admitir que ya empiezo a perder la cuenta, **¿no?** Risas. No sé si estoy ganando torneos o coleccionando copas para que mi familia y yo tomemos cava en Navidad.*

*Pero, bueno, al final lo importante es seguir compitiendo, **¿no?** El día que no pueda levantarme de la cama después de un partido de cinco horas... quizás, sólo quizás, me lo piense. Pero por ahora, mi equipo ha empezado a llevar un carrito de supermercado para las copas, así que estamos bien, **¿no?"***

Ese "¿no?" es una forma acortada de "¿no crees?" para buscar aprobación en el interlocutor. Prácticamente, cada uno de nosotros tenemos nuestras propias coletillas o muletillas. Rafa Nadal y los futbolistas terminan las frases con "¿no?", pero otras personas usan otras coletillas como "o sea", "¿sabes?", "¿vale?". Son palabras que usamos en conversaciones, pero que raramente se verían escritas en un texto.

En inglés, esto también existe y sirve para lo mismo: buscar confirmación, dar pie al interlocutor a que participe en la conversación, bajar el grado de seriedad de tus respuestas, o indicar incertidumbre. Vamos con algunos ejemplos:

- ***You like pasta, don't you?*** (Te gusta la pasta, ¿no?)

- ***Tonight's match is so boring, isn't it?*** (El partido de esta noche es muy aburrido, ¿no?)

- ***You've been to Paris before, haven't you?*** (Tú ya has estado en París, ¿no?)

- ***He'll win the championship, won't he?*** (Él ganará el campeonato, ¿no?)

En estos ejemplos, he usado la forma contraída de los verbos porque es más común en el día a día, pero también se podrían decir sin contraer:

- ...don't you? → ...do you not?
- ...isn't it? → ...is it not?
- ...haven't you? → have you not?
- ...won't he? → ...will he not?

I MEAN...

Otra coletilla común que vas a escuchar muchísimo y que creo que yo he acabado adoptando, es "I mean". En español, se traduciría como "quiero decir".

Se puede usar de diferentes formas depende del contexto:

- Para clarificar → *The movie was okay, I mean, it wasn't great, but it wasn't terrible either* (La película estuvo bien, quiero decir, no era genial, pero tampoco fue terrible).

- Para hacer énfasis → *I didn't feel like going out last night. I mean, it was really cold out there!* (no me apetecía salir anoche. Quiero decir... ¡hacía un frío del carajo!)

- Para seguir diciendo palabras y llenar el tiempo mientras piensas algo que decir → Ocurre no sólo con *I mean* sino también con otras palabras como *"like"* o *"you know"*. Estas palabras son muy comunes en ambientes de trabajo y en inglés se llaman *filler words (fill = llenar)*. *I don't know... I mean... it's a tough decision* (no sé... Quiero decir... Es una decisión difícil).

- Para reducir la seriedad de una frase o hacerla menos directa para el receptor → *I mean... maybe we could approach the project a little differently next time?*

(Quiero decir... ¿Quizá podríamos abordar el problema de una forma un poco diferente la próxima vez?)

Recuerda que estas coletillas se suelen reservar para el inglés hablado. En inglés escrito seríamos más formales, tendríamos más tiempo para pensar y no harían tanta falta.

Por cierto, si quieres decir "¡lo digo en serio!" en inglés, dirías "*I mean it!*"

EXPRESIONES ÚTILES

A continuación, encontrarás expresiones raras de ver en un libro tradicional para aprender inglés. Son frases que sólo un hablante nativo usaría, con la particularidad de que son comunes en el día a día.

101

La expresión 101 (leído *one-o-one*), es una manera informal de decir que algo es sencillo, básico o de nivel principiante.

Proviene del sistema universitario estadounidense, donde las asignaturas de nivel introductorio se etiquetan con el número 101. Por ejemplo, "Calculus 101" sería el curso básico de cálculo, o "Biology 101" el curso introductorio de biología. He aquí algunos ejemplos:

- ***Learning how to pass the ball properly is <u>soccer 101</u>.***
  (Aprender a pasar el balón es lo más básico en fútbol)

- ***Eating fruits and vegetables is <u>nutrition 101</u>.*** (Comer frutas y verduras es nutrición básica).

SURE

Sure es una de esas palabras que es muy versátil. Su significado va a depender mucho de la entonación y el contexto. Estos son los usos más típicos:

- **Para indicar certeza** → *Is this the right way? – I'm **sure** it is.*
  Otra forma para contestar que uno está seguro de algo es *"I'm positive"*. Si has visto la serie *House of Cards*, habrás escuchado esta expresión múltiples veces.

- **Para afirmar, pero de forma menos entusiasta que si dijéramos "sí" o "por supuesto"** → *Do you want some coffee? – **Sure***

- **Para contestar "de nada"** → *Thanks for your help! – **Sure**, no problem*. Con esta respuesta minimizas el gesto por el que te dan las gracias. El equivalente en español podría ser "no es nada" o "no te preocupes".

- **Para enfatizar un adjetivo** → *The exam will **sure** be hard* (sin duda el examen será difícil).

- **Para contestar "sí" de forma sarcástica** → *Do you mind working this weekend? – **Sure**, I'd love to work all weekend.*

El tono es importante con *"sure"*. Un *"sure!"* alegre muestra entusiasmo, mientras que un *"sure"* más apagado puede indicar que estás aceptando, pero con pocas ganas e incluso algo de oposición.

En conversaciones informales, *"sure"* es muy común y se usa de manera amistosa para decir "sí". En situaciones más formales, se puede usar *"certain"*.

CHERRY-PICKING

Imagínate yendo a recoger cerezas del árbol y escogiendo sólo las que están maduras. Esta expresión se refiere a elegir cuidadosamente las mejores opciones o las que más nos convienen dado un conjunto, dejando de lado las menos favorables. Se usa a menudo en contextos donde alguien elige selectivamente los datos o argumentos que más le convienen, ignorando el resto a propósito.

*The politician was accused of **cherry-picking** data to support his argument (el político fue acusado de manipular los datos para apoyar su argumento).*

NOT ONLY... BUT ALSO...

La estructura *"not only... but also"* en inglés se utiliza para expresar dos ideas que son igualmente importantes o para enfatizar la relación entre dos cosas. Esta construcción subraya que no sólo ocurre la primera cosa, sino que también sucede algo adicional que refuerza o complementa la primera idea.

La expresión sigue este patrón:

Not only [primer hecho], **but also** [segundo hecho].

She is **not only** *beautiful,* **but also** *intelligent.* (Ella no es solamente guapa sino también inteligente).

Esta expresión es muy útil cuando quieres desarrollar un tema y hablar de las cualidades que hacen especial a ese tema. Las dos cualidades que uses pueden ser sustantivos, verbos o adjetivos. Por ejemplo:

- Con sustantivo: *He is not only a* **lawyer,** *but also a great* **writer.** (Él no es sólo abogado, sino también un genial escritor)
- Con verbo: *She not only* **skis,** *but also* **sails.** (Ella no solo esquía sino también navega a vela).
- Con adjetivo: *She is not only* **beautiful,** *but also* **intelligent.**

Si quieres enfatizar más y hacerlo más formal, existe una construcción adicional invirtiendo la posición del sujeto y el verbo auxiliar. Por ejemplo:

<u>Normal</u>: *He **not only** studied, **but also** worked full-time.*

<u>Invertida</u>: ***Not only*** <u>*did*</u> *he study, **but also** he worked full-time.*

Esta construcción es menos intuitiva para un hablante no nativo, pero significa lo mismo y también te la encontrarás en el mundo real.

PIGGYBACKING

¿Sabías que "montar a caballito" se dice *piggyback* en inglés? Pues ahora ya lo sabes. Figurativamente se usa para describir la acción de aprovecharse de algo que ya está en marcha o que ya se ha logrado, para obtener beneficios o avanzar sin hacer tanto esfuerzo. En español, podría traducirse como "subirse al carro".

*This new tech startup is **piggybacking** on the discoveries of the industry leader (*esta pequeña empresa tecnológica se está aprovechando de los descubrimientos hechos por los líderes de la industria).

También se puede usar para expandir la información que alguien acaba de dar. Por ejemplo, si intervienes en una reunión y tu compañero a continuación quiere añadir más información a lo que tú acabas de decir:

<u>Persona A</u>: *I think improving customer service will really boost our sales* (pienso que mejorar la atención al cliente incrementará mucho nuestras ventas).

<u>Persona B</u>: *I'd like to **piggyback** on that. In addition to improving customer service, we should also offer a loyalty program to retain clients* (me gustaría añadir que además de mejorar la atención al cliente, deberíamos ofrecer un programa de fidelidad para retener los clientes).

GOOD CALL

Esta expresión se utiliza para felicitar a alguien por tomar una decisión acertada o hacer una buena sugerencia.

*Bringing an umbrella was a **good call**. It started raining heavily* (traer un paraguas fue una Buena decisión. Llovió muchísimo).

PUSH THE ENVELOPE

Se refiere a ir más allá de los límites convencionales, intentar innovar o hacer algo que no se ha hecho antes.

*The new smartphone design really **pushes the envelope** in terms of battery life* (el diseño de este nuevo teléfono lleva a un nuevo límite la duración de las baterías).

DEEP DOWN

En español, se podría traducir como "en el fondo". Se usa para hablar de lo que alguien realmente siente o piensa, aunque no lo muestre en la superficie.

They seem happy, but **deep down**, *they're worried about the future* (parecen felices, pero en el fondo, están preocupado por el futuro).

TWOFOLD

Esta expresión tiene **dos significados**. El primero, es para indicar que algo es el doble de otra cosa (A); el segundo, es para explicar que algo tiene dos partes (B).

A → *After implementing the new marketing strategy, our customer base grew* **twofold** *in just two months* (después de implementar nuestra nueva estrategia de marketing, **doblamos** nuestra cantidad de clientes en dos meses).

B → *The solution to the problem is* **twofold**: *we need better communication and more resources* (la solución al problema tiene **dos partes**: mejor comunicación y más recursos).

OUT OF THE BLUE

Se usa para explicar que algo sucedió de manera sorpresiva, inesperada, o sin previo aviso. En español podríamos decir "de la nada", "de repente" "o sin venir a cuento".

She called me **out of the blue** *after years of no contact* (me llamó de la nada después de años sin tener contacto).

IN A NUTSHELL

Nutshell literalmente es la cáscara de un fruto seco (nuts = frutos secos; shell = cáscara). La cáscara de sólo un fruto seco[21] contiene muy poca cantidad. Tiene poco volumen, cabe muy poco en su interior. Es por ello por lo que esta expresión se usa para indicar que se está hablando de manera concisa, es decir, en pocas palabras o de forma resumida. Imagina que estás hablando con Elon Musk o Raúl Torres[22] y les preguntas cómo funciona un cohete.

Pregunta → *Can you explain rocket science in just a few words?*

---

[21] Para referirnos literalmente sólo a la cáscara de un fruto seco, lo más común es decir "shell", no "nutshell". Lo segundo se suele usar sólo para resaltar esta concisa forma de hablar.

[22] CEOs de SpaceX y PLD Space, respectivamente. ¡Vamos Miura!

Respuesta → *Rocket science is the study of how rockets work and how to get objects into space. Essentially, it focuses on the principles of thrust (pushing a rocket upwards), aerodynamics (how air affects the rocket's movement), and orbital mechanics (how things move in space).*

At its core, rocket science relies on Newton's Third Law of Motion: "For every action, there is an equal and opposite reaction". Rockets burn fuel, which creates a force (thrust) that pushes the rocket upwards, allowing it to escape Earth's gravity.

So, **in a nutshell**: *rocket science is all about understanding how to use energy and physics to launch objects into space.*

Usa este texto para practicar *listening*:

(Traducción al español)

Pregunta → ¿Puedes explicar la ciencia de cohetes en pocas palabras?

Respuesta → La ciencia de cohetes es el estudio de cómo funcionan los cohetes y cómo llevar objetos al espacio. Principalmente, se centra en los principios de empuje (impulso del cohete hacia arriba), aerodinámica (cómo el aire afecta el movimiento del cohete) y mecánica orbital (cómo se mueven los objetos en el espacio).

En esencia, la ciencia de cohetes se basa en la Tercera Ley de Newton: "Para cada acción, hay una reacción igual y opuesta". Los cohetes queman combustible, lo que crea una fuerza (empuje) que impulsa el cohete hacia arriba, permitiéndole escapar de la gravedad de la Tierra.

Así que, **en pocas palabras**: la ciencia de cohetes trata de entender cómo usar la energía y la física para lanzar objetos al espacio.

GO THE EXTRA MILE

Esta expresión se refiere al hecho de hacer un esfuerzo adicional, más de lo que normalmente se espera.

Cristiano Ronaldo might not have Messi's innate talent, but he **goes the extra mile***; he spends twice as many hours at the gym as anyone else. Therefore, it's no surprise that he can perform so well* (Cristiano Ronaldo quizá no tenga el talento innato de Messi, pero se esfuerza más que nadie; pasa el doble de horas en el gimnasio que cualquier otro jugador. Por lo tanto, no es sorprendente que también pueda rendir así de bien).

CUT CORNERS

Significa hacer algo de la manera más fácil, rápida o barata, a menudo ignorando los procedimientos adecuados o saltándose pasos importantes. Esto generalmente implica que se está comprometiendo la calidad o la seguridad para ahorrar tiempo, esfuerzo o dinero.

*If we **cut corners** on the safety measures, it could lead to accidents* (si recortamos en las medidas de seguridad, podría haber accidentes.)

AT ALL

Esta es otra de esas expresiones que ayudan bastante a modificar una oración para decir exactamente lo que queremos. Se usa para enfatizar negaciones y preguntas, aunque también tiene otros usos menos comunes. En español, su traducción más común sería "en absoluto", pero se puede utilizar en varios contextos:

- **Con negaciones →** *I don't like coffee **at all*** (no me gusta, **en absoluto**, el café). En español, "en absoluto" suena un poco dramático, pero en inglés esta expresión es común.

- **Con preguntas** → *My boss' name is Michael, do you know him **at all**? (Mi jefe se llama Michael, ¿le conoces, **aunque sea un poco**?)*

- **Con condicionales** → *If you need me **at all**, just let me know* (si me necesitas **por cualquier motivo**, simplemente házmelo saber)

A LOT

Si te pasa como a mí, probablemente abuses de **"a lot"** para decir que algo es mucho. Es como cuando en español usamos "muchos" o "un montón" para todo. Aquí tienes alternativas para no sonar repetitivo:

EN CONTEXTOS INFORMALES:

- **Plenty of** (un montón de) → *There is plenty of food*
- **Loads of** (montones de) → *I have loads of work to do*
- **A bunch of** *(una ristra de)* → *I got a bunch of questions*
- **Tons of** (toneladas de) → *She has tons of friends*
- **Numerous** (numerosos) → *There are numerous reasons to smile*

EN CONTEXTOS MENOS INFORMALES:

- **Substantial** (sustancial) *There is substantial evidence*
- **Significant** (significativo) *We've made significant progress*

- **Many** (muchos) → *Many people attended the event.*
- **Considerable** (considerable) *It requires considerable effort*
- **Abundant** (abundante) *The region has abundant resources*

¿Ves? ¡Ya no necesitas usar a lot a lot!

JERGA DEPORTIVA

Si eres nuevo en EEUU o trabajas con gente de ese país, estos **tips** te vendrán bien. Podrás utilizar los conceptos simplemente para comunicarte, pero sobre todo para sorprenderles, ya que no esperarán que tú conozcas cierta jerga deportiva.

Primero, un poco de contexto. En EEUU, los deportes mayoritarios son tres (ordenados de mayor a menor popularidad): fútbol americano (NFL o National Football League), baseball (MLB o Major League Baseball) y baloncesto (NBA o National Basketball Association). En las posiciones cuarta y quinta, están el hockey sobre hielo y el fútbol, respectivamente. A este último, los americanos lo llaman **soccer**, mientras que los británicos lo llaman **football**. Adicionalmente, las ligas universitarias también tienen muchísimo seguimiento y la gente apoya a los equipos de su universidad como si les fuera la vida en ello (**go Heels!**)

En EEUU, ser seguidor de algún equipo es frecuente y pueden llegar a ser muy fanáticos, aunque sin el componente violento que tenemos en Europa. En general, hablar de deportes es muy común, así que te recomiendo tener algo preparado para los momentos de **small talk**[23]. Los deportes están tan enraizados en la cultura, que expresiones típicas de los terrenos de juego

---

[23] **Small talk** son aquellas conversaciones triviales "de ascensor" donde sólo vamos a tener unos minutos con nuestro interlocutor y tenemos que sacar algún tema para entablar conversación.

han salido para usarse en otros ámbitos que nada tienen que ver con el deporte.

Aquí tienes siete expresiones relacionadas con el mundo del **baseball** que yo he oído asiduamente en el trabajo y que nunca vi en los libros de inglés. Si trabajas con americanos, ¡úsalas!

- **Touch base:** tocar la base. Ponerse en contacto con una persona para comentar el estado de algo. **Hi Mark, I just wanted to <u>touch base</u> with you to make sure you didn't have any questions after last week's meeting** (Hola Mark, solo quería ponerme en contacto contigo para asegurarme de que no tenías ninguna pregunta después de la reunión de la semana pasada).

- **Right off the bat:** justo al golpear el bate. Inmediatamente, desde el primer momento. **I knew <u>right off the bat</u> that she was the one** (supe al instante que ella era la persona con la que me querría casar).

- **Ballpark figures:** una estimación, cifras aproximadas a lo que debería ser correcto. **They couldn't tell me the exact cost, just a <u>ballpark figure</u>** (no me pudieron decir el precio exacto, sólo algo aproximado).

- **In the ballpark**: dentro del campo. Cuando las cifras que has dado en tu estimación son razonables. **I made an offer for a house, but it wasn't even <u>in the ballpark</u>, so they declined it** (hice una oferta por una casa, pero estaba lejos de lo que pedían, así que la declinaron).

- *Curveball*: una bola con efecto. Es un desafío, un problema inesperado. *Every so often, life will throw you a <u>curveball</u>* (de vez en cuando, la vida te lanza un desafío).

- *Hitting a home run/Swing for the fences*: batear tan fuerte que se pase la valla del fondo. Ir a intentar conseguir el mejor resultado posible. *We must <u>swing for the fences</u> on this project, it's our last opportunity* (temenos que ir a por todas con este proyecto, es nuestra última oportunidad)

- *Hitting a single*: batear y pararse en la primera base. Ir a lo seguro, poco a poco, paso a paso. *Don't try to overachieve, just <u>hit a single</u>* (no seas tan ambicioso, ve poco a poco).

¿SABÍAS QUE...?

Para terminar, veamos rápidamente algunas curiosidades (*fun facts*):

- La palabra **news** es singular e incontable, aunque tenga una s al final. ¿Cómo se dice 1 noticia? → *News*; ¿y 5 noticias? *News* también. Lo mismo ocurre con **stuff** (*"cosas"*, *"objetos"*), **deer**, o **sheep**. Siempre van en singular (no puedes decir *stuffs, sheeps*).

- ¿Cómo decir "**vosotros**"? Hay tres posibles formas: *you*, *you guys*, *you all*. El último se abrevia como **y'all** en el sur de EE.UU., y suena como /yol/.

- Las mujeres se refieren a sus amigas como *girlfriends*. Pero si lo dice un hombre, sería su novia. Los hombres no dicen *boyfriends* para sus amigos.

- La marca **Nike** se pronuncia /naiki/ al otro lado del charco; y el Wi-Fi se pronuncia /guai-fai/ en cualquier lugar que no sea España.

- Para decir que son las 16:30h, en el Reino Unido se diría **it's half past four**, mientras que en Estados Unidos es más común decir **it's four thirty.** El formato de 24H, al otro lado del charco se conoce como **military time**, y sólo se usa en hospitales, ejército, aviación y similares. En su lugar, usan

183

"**am**" (en latín: *ante meridiem* → antes del mediodía); y "**pm**" (*post meridiem* → después del mediodía).

- **Spaniard** no es despectivo, es simplemente una forma neutral de decir "español" (persona de España). Hace años sólo conocía la palabra "Spanish", pero resulta que *Spaniard* se usa bastante o incluso más que *Spanish*. *He is Spanish* (adjetivo) → *He is a Spaniard* (nombre).

- **Lose** significa perder (sólo con una "o" aunque se pronuncie /luus/), mientras que **loose** significa "suelto", como cuando hay un tornillo suelto o cuando los pantalones te quedan grandes.

- Ser un sujetavelas es ser un *third wheel*.

- Los porcentajes en inglés **no** llevan the delante del porcentaje. En español decimos: el 5% de 100 es 5; en inglés se dice directamente el porcentaje: 5% of 100 is 5.

- ¿Cómo decir "sí, claro..." para mostrar incredulidad y sarcasmo? Usando **yeah, right.** Por ejemplo: "mi perro se ha comido los deberes". A lo que el profesor contestaría: *yeah, right...*

- La palabra **genre** (categoría o género de algo: música, películas, libros, etc) no se pronuncia como cabría esperar. Se pronuncia como /jan-rah/. Recuerda el sonido "j".

- En inglés, "advice" (con "c") es un sustantivo y significa "consejo", mientras que "advise" (con "s") es un verbo y significa "aconsejar." Ah, y la palabra *advice* es incontable, así que si le das a alguien varios consejos dirías **some advice** y, si fuera un número determinado –por ejemplo 5 consejos– podrías decir **five pieces of advice**.

- En inglés, improvisar sobre la marcha según se vaya desarrollando una situación se dice **to play it by ear**, que traducido sería "tocarla de oído". Por ejemplo: **We don't have a plan for tonight, let's just play it by ear**. También se usa para el que toca de oído un instrumento.

- **Beat** y **win** se traducen como "ganar", pero son diferentes. Si ganas <u>a alguien</u> en una competición, usamos **beat** (*I beat you at chess*); si ganas <u>a algo</u>, usas **win** (*she won the game*).

- La palabra en inglés **sensible** significa razonable/lógico; pero la palabra **sensitive** significa sensible. Acuérdate del típico anuncio de Colgate **Sensitive** para dientes **sensibles.**

- En español decimos "blanco y negro", pero en inglés es al revés: "*black and white*". De hecho, en inglés, cuando hay varios adjetivos seguidos, éstos han de colocarse en un orden específico que los nativos siguen por instinto y que será natural para ti a base de practicar.

- La policía, igual que la palabra *people,* siempre es plural, Por ejemplo: *the police **are** coming*.

- La palabra *of*, se pronuncia /ov/; la palabra *off*, sí se pronuncia /off/

- **Vanilla** no sólo es un sabor de helado, sino que significa "simple", "sencillo", "sin mucha emoción", o "muy promedio". Incluso "aburrido". Por ejemplo, en finanzas, hay unos productos financieros que se llaman *"vanilla options"* porque son muy simples.

- La palabra **live** cuando es adjetivo se pronuncia /laiv/ → *I love live music* (me encanta la música en directo); pero, si es un verbo, se pronuncia /lev/ → **He lives in London** (vive en Londres). ¿Recuerdas esa "i" que se pronuncia como una "e"?

Notas sobre el capítulo

....
....
....
....
....
....
....
....
....
....
....
....
....
....
....
....
....
....
....
....
....
....

Querido lector,

Si has llegado hasta aquí, permíteme darte las GRACIAS y una sincera enhorabuena por tener la determinación de enfrentarte a uno de los mayores desafíos de tu vida: aprender inglés de verdad.

Sé que el camino no es ni será fácil. Habrá días en los que te frustrarás porque alguien no te entiende, o porque para cuando hayas pensado en tu cabeza lo que querías decir, el momento perfecto de decirlo ya habrá pasado. Te prometo que todo eso habrá valido la pena.

Aprender inglés no sólo comprende saber conjugar verbos o memorizar vocabulario. Se trata de abrir puertas a nuevos mundos, culturas y oportunidades que ni siquiera sabías que existían. Es poder tener conversaciones profundas con personas de otros países, contar chistes en otro idioma (y que se rían) o, como me pasó a mí, encontrar el amor.

Cada código QR que te he dejado en este libro es tu nuevo mejor amigo. Úsalos y compártelos sin límite. La clave para dominar el inglés es la práctica, y esos pequeños sonidos están ahí para ayudarte a afinar tu oído, mejorar tu fluidez y, por qué no, sorprender a tus amigos con lo bien que hablas.

Hablando de amigos... **¡Comparte este libro!** No te quedes todo este conocimiento para ti. Seguro que conoces a alguien al que esta información le ayudaría.

No te rindas. Sé constante. Ríete de tus errores y celebra tus logros. Pero, sobre todo, disfruta del viaje.

Con cariño,

Javier

DE *FAK!* A FLUENT

Ha sido un honor

Si tienes unos segundos, me encantaría leer tus impresiones sobre este libro con una reseña en Amazon.

Puedes usar este QR para hacerlo:

Además, puedes conectar conmigo en:

www.ingramcontent.com/pod-product-compliance
Lightning Source LLC
Chambersburg PA
CBHW060517130626
46553CB00002B/539